WAS AM KREUZ GESCHAH

R. C. SPROUL

WORT VERLAG

Reformation Trust
PUBLISHING

Was am Kreuz geschah

Englischer Originaltitel: The Truth of the Cross

1. Deutsche Auflage, 2009

Umschlaggestaltung: Kirk DouPonce

Grafische Gestaltung: Katherine Lloyd, Karin Rekowski

Übersetzung: Oliver Seitz

Lektorat: Jörg Müller

Satz: Karin Rekowski

Korrektorat: Jonathan Bechtel

Druck: AALEXX Buchproduktion GmbH, Großburgwedel

ISBN: 978-3-934633-33-9

An R. C. Sproul Jr. („Precious“),
für seinen beständigen und mutigen Einsatz
für die biblische Wahrheit.

Für Herrn Dr. Schmidt,
Ihr Alfred [illegible]
(Weihnachten 2016)

INHALTSVERZEICHNIS

Eins

WARUM EIN SÜHNOPFER NOTWENDIG WAR

Ich finde es faszinierend, welche Informationsflut uns aus Werbeagenturen erreicht. Mir scheint, die Werbeindustrie wird immer raffinierter, wenn es darum geht, Unternehmen und Produkte am Markt zu etablieren. Jedes Jahr werden Milliarden Euro für die Gestaltung eingängiger Logos ausgegeben – kleine Grafiken, Bilder oder Symbole, die eine bestimmte Marke oder ein bestimmtes Produkt sofort identifizieren und etwas darüber aussagen, wie etwa über dessen Ursprung, Wert oder Bedeutung. Ich habe mir sagen lassen, das bekannteste und am meisten wiedererkannte Logo der Vereinigten Staaten von Amerika seien wahrscheinlich die goldenen Lettern, die vor jedem McDonald's-Restaurant zu finden sind.

Der christliche Glaube hat ebenfalls ein universelles Symbol – das Kreuz. Warum das Kreuz? Immerhin hat das Christentum doch so viele Aspekte. Diese vielen Facetten eröffnen sich uns auf dem Gebiet der systematischen Theologie, die in mehrere Gebiete aufgeteilt ist, wie z.B. die allgemeine Theologie, das ist die Lehre von Gott selbst, die Pneumatologie, das ist die Lehre vom Wesen und Werk des Heiligen Geistes, die Ekklesiologie, die Lehre von der Kirche, die Soteriologie, die Lehre vom Heil, und so weiter.

Aber eines der wichtigsten Themengebiete der Theologie ist die Christologie, die Lehre vom Wesen und Werk Christi. Wenn wir innerhalb dieses Wissensgebietes zu dem alles entscheidenden Kern vorstoßen möchten, den wir in gewisser Weise als die „Krux" der Person und des Werkes Jesu bezeichnen können, dann wenden wir uns gleich dem Kreuz zu. Das Kreuz ist der springende Punkt, die „Krux", ein Begriff, der aus dem Lateinischen kommt und Kreuz bedeutet. Genau aus diesem Grund wurde der Begriff ins Englische übernommen, weil das Kreuz ganz im Zentrum biblischen Christentums steht. Man kann in der Tat sagen, dass sich im Kreuz das Wesen des Wirkens Jesu herauskristallisiert.

Dies war die Überzeugung des Apostels Paulus. In seinem ersten Brief an die Gemeinde in Korinth macht Paulus eine erstaunliche Aussage über die Wichtigkeit des Kreuzes für die Gesamtheit des christlichen Glaubens: „So bin auch ich, meine Brüder, als ich zu euch kam, nicht gekommen, um euch in hervorragender Rede oder Weisheit das Zeugnis Gottes zu verkündigen. Denn ich hatte mir vorgenommen, unter euch nichts anderes zu wissen, als nur Jesus Christus, und zwar als Gekreuzigten." (1. Kor 2, 1–2). Paulus war ein Mann, der, auf heute übertragen, bereits im Alter von 21 Jahren zwei Doktortitel in Theologie hatte, ein Mann, der mit großer Kenntnis über das gesamte Spektrum der Theologie schrieb. Trotzdem stellte er klar, dass der Brennpunkt seiner Lehre, seiner Predigt und seines Dienstes unter den Korinthern einfach nur dies war: „Jesus Christus, und zwar als Gekreuzigter".

Als der Apostel diese Aussage machte, bediente er sich des literarischen Stilmittels der Hyperbel. Die griechische Vorsilbe *hyper* bedeutet „über" und bezeichnet einen Grad der Betonung. *Hyper* nimmt ein Stammwort und verleiht diesem mehr Nachdruck. In diesem Fall handelt es sich bei dem Stammwort um das griechische Verb für „werfen". So ist die Hyperbel im wörtlichen Sinne ein „Darüber-hinaus-Werfen". Es ist eine Form der Betonung, die sich absichtlicher Übertreibung bedient. Dies ist ein sehr häufig gebrauchtes Mittel der Verständigung. Manchmal, wenn ein Kind ungehorsam ist, wird eine frustrierte Mutter vielleicht sagen: „Ich habe dir schon zehntausendmal gesagt, dass du das nicht tun sollst." Die Mutter meint nicht wörtlich „zehntausendmal", und niemand, der sie das sagen hört, wird glauben, dass damit wirklich zehntausend einzelne Ermahnungen gemeint sind. Jeder versteht, dass eine solche Aussage eine Übertreibung ist – eine Übertreibung nicht aus Falschheit oder Täuschung, sondern mit der Absicht, dem Gesagten Nachdruck zu verleihen.

Nichts anderes tut Paulus, wenn er den Korinthern schreibt, dass er sich vorgenommen hatte, unter ihnen nichts außer den gekreuzigten Christus zu kennen. Natürlich war Paulus entschlossen, unter den Korinthern auch noch alle möglichen anderen Dinge neben der Person und des Werkes Jesu zu wissen. Er wollte die Korinther in die tiefen Lehren des Wesens und der Natur Gottes des Vaters einweihen. Er wollte sie über Person und Werk des Heiligen Geistes unterrichten, über christliche Ethik und noch viele andere Dinge, die über das unmittelbare Werk Christi am Kreuz hinausgehen. Warum drückte er sich dann so aus? Die Antwort ist offensichtlich. Paulus wollte sagen, dass in seinem ganzen Lehren, in seiner ganzen Verkündigung, in seinen ganzen missionarischen Aktivitäten nichts wichtiger und bedeutsamer war als das Kreuz. Im Grunde sagte dieser Lehrer zu seinen Schülern: „Ihr mögt vielleicht alles, was ich euch sonst noch lehre, vergessen, aber vergesst *niemals* das Kreuz, weil am Kreuz, durchs Kreuz und vom Kreuz unser Retter sein Werk der Erlösung vollbracht und sein Volk für die Ewigkeit gesammelt hat."

Indem Paulus dem Kreuz diese Betonung beimaß, sprach er stellvertretend für alle Schreiber des Neuen Testamentes. Könnten wir das Neue Testament heute mit jungfräulichen Augen lesen, so als wären wir die erste Generation von Menschen, die diese Botschaft zu Gesicht bekommt, dann würde es, denke ich, klar werden, dass die Kreuzigung den innersten Kern der Predigt, der Lehre und der Unterweisung der neutestamentlichen Gemeinde bildet, gemeinsam natürlich mit dem damit verbundenen Eckstein von Christi Werk, seiner Auferstehung und der anschließenden Himmelfahrt. Die Bedeutung, der Sinn und die Wichtigkeit des Kreuzes Christi werden uns im Neuen Testament erschlossen.

Wenn es stimmt, dass das Kreuz für das biblische Christentum von zentraler Wichtigkeit ist, so scheint es für Christen unverzichtbar, ein gewisses biblisches Verständnis seiner Bedeutung zu erlangen. Dies trifft natürlich auf jede Generation zu, aber auf die heutige in besonderer Weise. Ich bezweifle, dass es in zweitausend Jahren christlicher Geschichte jemals eine Zeit gegeben hat, in der die Bedeutung, die Zentralität und die Notwendigkeit des Kreuzes umstrittener gewesen wären als in unserer Zeit. Es gab andere Zeiten in der Kirchengeschichte, in denen Theologien aufkamen, die das Kreuz Christi als ein unnötiges Ereignis abtaten, aber niemals zuvor in der christlichen Geschichte wurde die Notwendigkeit für das Sühnopfer Christi so sehr infrage gestellt wie heute.

Menschen sagen mir, dass sie keine Christen sind, nicht weil sie niemals vom Wahrheitsgehalt des Christentums überzeugt wurden, sondern weil sie niemals von der Notwendigkeit dessen überzeugt wurden, was die Bibel lehrt. Wie oft haben Sie Menschen schon sagen hören: „Das mag vielleicht wahr sein, aber ich persönlich sehe keine Notwendigkeit für Jesus", oder: „Ich brauche die Kirche nicht", oder: „Ich brauche das Christentum nicht"? Wenn Menschen mir solche Dinge sagen, dann versuche ich, das Gespräch auf den Wahrheitsanspruch des Christentums zu lenken. Ich glaube, wenn wir Menschen von der Wahrheit der Identität Christi und der Wahrheit des Werkes, das er vollbracht hat, überzeugen können, wird ihnen sofort aufgehen, wie sehr sie dieses brauchen.

Einmal, als ich in einem Einkaufszentrum auf meine Frau Vesta wartete, fand ich eine Buchhandlung und ging hinein. Es gab Regale über Regale von Büchern in diesem Laden und die verschiedenen Kategorien waren übersichtlich ausgeschildert: Romane, Belletristik, Sachbücher, Wirtschaft, Sport, Selbsthilfe, Beziehungen, Kinderbücher und so weiter. Ganz hinten im Laden befand sich die religiöse Abteilung. Sie bestand nur aus vier Regalfächern und war damit eine der kleinsten Abteilungen der ganzen Buchhandlung. Die angebotenen Bücher vertraten nicht unbedingt das, was man als allgemeines, orthodoxes, klassisches Christentum bezeichnen würde. Ich fragte mich: „Warum verkauft dieser Laden Romane und Selbsthilfebücher, legt aber in seinem Sortiment keinen Wert auf Inhalt, wenn es um biblische Wahrheit geht?“

Mir war natürlich klar, dass dieser Laden keinen christlichen Dienst anbot. Der Laden wollte Geschäfte machen und sollte Profit erzielen. Ich nahm also an, dass der Grund dafür, dass es dort keine solide christliche Literatur gab, war, dass nicht viele Leute fragten:

„Wo kann ich ein Buch finden, aus dem ich etwas über die Tiefe und den Reichtum der Sühne Christi erfahren kann?" Selbst wenn wir in eine christliche Buchhandlung gehen, finden wir nur wenig Anhaltspunkte dafür, dass Menschen nach einem tieferen Verständnis von etwas so zentralem wie dem Sühnopfer Christi suchen.

Ich dachte über diese Dinge nach und kam zu dem Schluss, dass Menschen an einem Sühnopfer kein Interesse haben. Sie sind im Grunde davon überzeugt, dass sie Sühne nicht brauchen. Sie fragen nicht: „Wie kann ich mit Gott versöhnt werden? Wie kann ich dem Gericht Gottes entgehen?" Wenn unserer Kultur etwas verloren gegangen ist, dann ist es die Erkenntnis, dass Menschen für sich, persönlich, individuell, letztendlich und unausweichlich vor Gott für ihr Leben verantwortlich sind.

Wenn jeder auf der Welt zur Besinnung käme und erkennen würde: „Eines Tages muss ich vor meinem Schöpfer stehen und Rechenschaft ablegen für jedes Wort, das ich jemals gesprochen, jede Tat, die ich jemals begangen, jeden Gedanken, den ich jemals gedacht, und jede Aufgabe, die ich nicht erfüllt habe", dann könnten verschiedene Dinge passieren. Sie könnten sagen: „Ich bin verantwortlich, aber ist es nicht großartig, dass der Eine, zu dem und vor dem ich Rechenschaft ablegen muss, keinen Wert darauf legt, was für ein Leben ich führe, denn er hat Verständnis für mich, wie ich bin, ja, dass wir alle eben so sind, wie wir sind." In diesem Fall würde sich nichts ändern. Wenn Menschen aber verstünden, dass es einen heiligen Gott gibt und dass Sünde ein Verbrechen gegen diesen heiligen Gott darstellt, dann würden sie die Türen unserer Kirchen einrennen und fragen: „Was muss ich tun, um gerettet zu werden?"

Ich musste einmal mit einem Nierenstein ins Krankenhaus. Es war zwar nicht lebensbedrohlich, aber es fühlte sich fast so an. Ich gehöre zu der Sorte Mensch, die, wenn sie Schmerzen haben, alles Mögliche tun, um diese zu ignorieren. Ich tue das, damit ich nicht zum Arzt gehen muss, der dann an mir herumuntersucht und mir schließlich eine niederschmetternde Diagnose überbringt. Als ich aber diesen Nierenstein hatte, war ich innerhalb von zwei

Minuten am Telefon und rief den Notarzt. Ich kam ins Krankenhaus und die Ärzte konnten zuerst nicht feststellen, was mir fehlte. Als ich so dalag und mit Schmerzen auf die Untersuchungsergebnisse wartete, schaltete ich mich durch die Fernsehkanäle und blieb bei einer religiösen Sendung hängen, in der ein Prediger die Weihnachtsgeschichte vorlas. Im weiteren Verlauf las er die Botschaft der Engel: „Denn euch ist heute in der Stadt Davids der Heiland geboren, welcher ist Christus der Herr“ (Lk 2,11). Ich kann Ihnen nicht sagen, wie viele tausendmal ich diesen Satz bereits gehört oder gelesen hatte, aber als ich in diesem Krankenhausbett einer ungewissen Zukunft entgegensah, traf er mich wie ein Vorschlaghammer. Ich sagte mir: „Das ist genau, was ich brauche – einen Retter.“

Was ich sagen will, ist: Ich fühlte, dass ich einen Retter nötig habe, weil ich Schmerzen litt. Ich hatte Angst, und Fragen von Leben und Tod rückten ins Zentrum meiner Aufmerksamkeit. So verhält es sich aber nicht unter normalen Umständen, im alltäglichen Einerlei des Lebens. Dass wir gerettet werden müssen, empfinden wir nicht als etwas absolut Dringliches. Das Christentum jedoch basiert auf der primären Annahme, dass der Mensch das Heil nötig hat.

Die heute vorherrschende Lehre der Rechtfertigung ist aber nicht mehr Rechtfertigung durch Glauben allein. Es ist noch nicht einmal Rechtfertigung durch gute Werke oder durch eine Kombination von Glauben und Werken. Die vorherrschende Auffassung von Rechtfertigung in der heutigen westlichen Kultur ist die Rechtfertigung durch Tod. Es herrscht die Annahme vor, dass man nichts weiter tun muss, als zu sterben, um in die ewigen Arme Gottes aufgenommen zu werden.

In manchen Fällen schlägt die allgegenwärtige Gleichgültigkeit gegenüber dem Kreuz in offene Feindseligkeit um. Ich wurde einmal darum gebeten, in einer Vorlesung die Beziehung zwischen dem Alten und dem Neuen Bund zu erklären. Im Zuge dieser Vorlesung bezog ich mich auf den Tod Christi als ein stellvertretendes, ersatzweises Opfer für die Sünden anderer. Zu meinem Erstaunen rief jemand aus den hinteren Reihen: „Das ist primitiv und obszön." Ich war so überrascht, dass ich fragte: „Was haben Sie gesagt?" Angriffslustig wiederholte er sich: „Das ist primitiv und obszön." Mittlerweile hatte ich mich wieder gefangen und erwiderte dem Mann, dass mir die Wahl seiner Adjektive in der Tat gefiel. Es ist primitiv, ein Blutopfer zu erbringen, um die Gerechtigkeit eines transzendenten und heiligen Gottes zufriedenzustellen, aber Sünde ist eine primitive Sache, die wesentlich ist für unsere menschliche Existenz. Darum entschied Gott, uns seine Liebe, Gnade und Erlösung durch dieses primitive Werk zuteilwerden zu lassen. Und das Kreuz ist eine Obszönität, denn die ganze gemeinschaftliche Sünde des Volkes Gottes wurde Christus auferlegt. Das Kreuz war das hässlichste und obszönste Ereignis der Weltgeschichte. Also dankte ich dem Mann für seine Beobachtung. Nichtsdestotrotz stand er dem gesamten Konzept eines Sühnopfers extrem feindselig gegenüber.

Dieser weitverbreitete Zweifel an der Notwendigkeit eines Sühnopfers kam natürlich nicht über Nacht auf. Tatsächlich ist die Sühnelehre innerhalb der Kirche schon seit langer Zeit umstritten.

Ich habe einen Theologen zum Freund, der oft folgende Feststellung macht: „In der Kirchengeschichte gibt es im Grunde nur drei Arten von Theologie.“ Obwohl es sehr viele Schulen mit zahlreichen Namen und diversen feinen Unterschieden gegeben hat, existieren historisch gesehen im Allgemeinen nur drei Sorten der Theologie – wir nennen sie Augustinismus, Semi-Pelagianismus und Pelagianismus. Vereinfacht gesagt vertritt der Augustinismus die Auffassung, dass das Heil allein auf der Gnade Gottes beruht. Der Semi-Pelagianismus lehrt, dass das Heil auf menschlicher Kooperation mit der Gnade Gottes basiert, und der Pelagianismus glaubt, das Heil könne ohne Gottes Gnade erreicht werden. Nahezu jede Kirche der Geschichte fällt in eine dieser drei Kategorien.

Meiner Ansicht nach stehen der Augustinismus und Semi-Pelagianismus für bedeutsame Debatten innerhalb der christlichen Familie – für Meinungsunterschiede hinsichtlich biblischer Auslegung und Theologie unter Christen. Währenddessen stellt der Pelagianismus in seinen diversen Formen keinen ernst zu nehmenden Bestandteil des Diskurses unter

Christen dar, sondern ist bestenfalls subchristlich und schlimmstenfalls antichristlich. Ich sage das aufgrund der Ansichten, die der Pelagianismus hinsichtlich der Notwendigkeit des Kreuzes vertritt.

Genauso, wie es drei grundlegende Ansätze in der Theologie gibt, gibt es historisch drei grundlegende Ansichten über das Sühnopfer, was dessen Notwendigkeit betrifft. Erstens gibt es jene, die glauben, dass ein Sühnopfer *absolut unnötig* sei. Der Pelagianismus, der seinen Ursprung im vierten Jahrhundert nahm, fällt mit all seinen Spielarten in diese Kategorie. Diese Lehre, sowie der Sozinianismus, der im sechszehnten und siebzehnten Jahrhundert entstand, und was wir heute als Liberalismus im Sinne einer eigenständigen Theologie bezeichnen würden, sind alle ihrem Wesen nach nicht christlich, denn im Kern leugnen sie alle das Sühnopfer Jesu Christi. Indem diese theologischen Schulen das versöhnende Werk Christi aus dem Neuen Testament entfernen, bleibt ihnen nur noch Moralismus. Für sie ist das Kreuz der Ort, an dem Jesus als ein moralisches Vorbild für die Menschheit starb. Sie betrachten ihn als einen existenziellen Helden, als jenen, der uns durch seine Unbeirrtheit, seine Bereitschaft zur Selbstaufopferung und seinen humanistischen Einsatz inspiriert. Aber dieser Moralismus ist alles andere als einzigartig und keiner Hingabe wert. Im Pelagianismus gibt es kein Heil, keinen Retter und keine Sühnung, weil laut dieser Lehre ein solches Heil nicht nötig sei.

Zweitens gibt es jene, die glauben, ein Sühnopfer sei nur *hypothetisch* nötig. Historisch gesehen beinhaltet diese Ansicht den Gedanken, dass Gott uns durch vielerlei Mittel und Wege hätte erlösen können, oder er hätte einfach über die menschliche Sünde hinwegsehen können. Aber er tat etwas Dramatisches, als er sich auf einen ganz bestimmten Aktionsplan festlegte. Er entschied sich, uns durch das Kreuz, durch ein Sühnopfer zu erlösen. Da er sich einmal dazu verpflichtet hatte, wurde es damit auch notwendig, und zwar nicht *de jure* oder *de facto*, sondern *de pacto* – das bedeutet, durch einen Pakt oder einen Bund, den Gott einging, indem er das Versprechen abgab, eine bestimmte Sache zu tun. Dieses Versprechen war grundlos, denn es war nicht notwendig, aber er gab es dennoch ab. Gott war dann auf diese Vorgehensweise festgelegt. Das ist mit *hypothetischer Notwendigkeit* für eine Sühnung gemeint.

Die dritte Ansicht ist die klassisch-herkömmliche christliche Ansicht, von der ich überzeugt bin, dass es auch die biblische Ansicht ist. Sie besagt, dass ein Sühnopfer für die Erlösung des Menschen nicht nur hypothetisch notwendig, sondern *absolut notwendig* ist, falls jemals irgendein Mensch mit Gott versöhnt und erlöst werden sollte. Aus diesem Grund war die Orthodoxie seit Jahrhunderten davon überzeugt, dass das Kreuz ein unverzichtbarer Bestandteil des christlichen Glaubens ist, unverzichtbar als ein „sine qua non", „ohne das es nicht sein könnte." Wenn man das Kreuz als eine sühnende Tat wegnimmt, so nimmt man das Christentum selbst weg.

Die Feststellung, dass das Kreuz eine absolut notwendige Vorbedingung für die Erlösung bildet, wirft unweigerlich die Warum-Frage auf. Die Antwort hängt, wie bereits seit der Zeit von Augustinus und Pelagius, mit unserem Verständnis von der Natur und dem Wesen Gottes und dem Wesen der Sünde zusammen. Wenn wir ein fehlerhaftes Verständnis vom Wesen Gottes oder der Natur der Sünde besitzen, ist es unvermeidlich, dass wir zu dem Schluss kommen, ein Sühnopfer sei nicht nötig. Darum werden wir uns in den nächsten Kapiteln mit diesen entscheidenden Themen befassen.

Zwei

DER GERECHTE GOTT

Wenn wir uns einen Überblick über die Kirchengeschichte verschaffen, so gibt es gewisse Theologen, die unter den übrigen wie Giganten herausragen – Männer wie Augustinus von Hippo (354–430), Thomas von Aquin, (1225–1274), Martin Luther (1483–1546), Johannes Calvin (1509–1564) und Jonathan Edwards (1703–1758). Normalerweise gilt Augustinus als der größte Theologe des ersten Jahrtausends der Kirchengeschichte. Wir alle sind mit den Größen der Reformation und der Folgezeit vertraut, wie Luther, Calvin und Edwards. Was aber die

Zwischenzeit betrifft, das Mittelalter, so hören wir nur wenig von großen Denkern, außer von Thomas von Aquin. Dennoch gab es in dieser Zeit einen Theologen und Philosophen, der einen enormen Beitrag zur Kirchengeschichte geleistet hat: Anselm von Canterbury.

Anselm hinterließ uns ein Erbe von drei sehr wichtigen, wenn auch relativ kurzen Werken. Bei den ersten beiden handelt es sich um apologetische Werke. Das eine heißt *Monologion* und das andere *Proslogion.* In diesem zweiten Buch liefert uns Anselm seinen berühmten ontologischen Gottesbeweis. Vielleicht sein größter Beitrag aber war eine kleine Schrift, die unter dem lateinischen Titel *Cur Deus Homo?* erschien. Dieser Titel heißt wörtlich übersetzt: „Warum der Gott-Mensch?". Anders gesagt: Anselm stellte die Frage, warum es eine Inkarnation, eine Fleischwerdung gab. Warum wurde Christus ein Mensch?

Der Kernpunkt von Anselms Antwort auf diese Frage war sein Verständnis vom Wesen Gottes. Anselm erkannte, dass der Hauptgrund für die Notwendigkeit eines Gott-Menschen Gottes Gerechtigkeit war. Das scheint eine merkwürdige Antwort zu sein. Wenn wir an das Kreuz und an das Sühnopfer Christi denken, dann nehmen wir an, dass das, was Gott am stärksten motivierte, Christus in diese Welt zu senden, seine Liebe und sein Erbarmen war. Infolgedessen tendieren wir dazu, jene Eigenschaft in Gottes Wesen zu übersehen, die das Sühnopfer absolut notwendig macht – seine Gerechtigkeit.

Gott liebt, aber das, was er am meisten liebt, ist sein eigener vollkommener Charakter, mit einer äußerst wichtigen Seite: Gerechtigkeit und Vollkommenheit – und deren Bestand. Obwohl Gott Sünder begnadigt und große Vorkehrungen trifft, seine Barmherzigkeit zu erweisen, wird er doch niemals über seine Gerechtigkeit verhandeln. Wenn wir das nicht begreifen, wird das Kreuz Christi völlig bedeutungslos für uns bleiben.

Was meinen wir, wenn wir von Gottes Gerechtigkeit sprechen? Das antike jüdische Denken kannte keinen abstrakten Rechtsbegriff. Darum waren im Alten Testament Recht und Gerechtigkeit untrennbar miteinander verbunden. Gerechtigkeit bedeutet, das Rechte zu tun. Gott tut darum das Richtige, weil seine Gerechtigkeit Kernbestandteil seines Wesens ist, seines Charakters, der sein Handeln bestimmt. Gott handelt niemals ungerecht. Er bricht niemals die Statuten und Satzungen der Vollkommenheit. Eine einfache Definition von Gottes Gerechtigkeit ist: „Seine ewige und unwandelbare Verpflichtung, immer das Richtige zu tun".

1. Mose 18 enthält eine faszinierende und gleichsam lehrreiche Erzählung. Es handelt sich um die Geschichte des Patriarchen Abraham, der für die Einwohner von Sodom und Gomorrha Fürbitte tut. Diese beiden Städte waren so böse, dass sie sprichwörtlich bis heute ein Sinnbild für den Zustand höchster Verderbtheit und Unmoral wurden. Man muss nur *Sodom und Gomorrha* sagen, um sofort hässliche Vorstellungen von lasterhaften und dekadenten Städten heraufzubeschwören. Dennoch wagte Abraham, Gott zu bitten, diese Städte zu verschonen, und seine Interaktion mit Gott kann uns einiges über Gottes Gerechtigkeit lehren.

Die Erzählung beginnt in 1. Mose 18,16:

> Da brachen die Männer auf und wandten sich nach Sodom. Und Abraham ging mit

> ihnen, um sie zu begleiten. Da sprach der HERR: Sollte ich Abraham verbergen, was ich tun will? Abraham soll doch gewiss zu einem großen und starken Volk werden, und alle Völker der Erde sollen in ihm gesegnet werden. Denn ich habe ihn ersehen, dass er seinen Kindern und seinem Haus nach ihm gebiete, den Weg des HERRN zu bewahren, indem sie Gerechtigkeit und Recht üben, damit der HERR auf Abraham kommen lasse, was er ihm verheißen hat.

In dieser Erzählung scheint Gott nachzusinnen und sich selbst zu fragen, ob er Abraham wissen lassen soll, was er plant, oder es ihm vorenthält. Gott ist kurz davor, Abraham mitzuteilen, was er beabsichtigt, weil er Abraham zugesichert hatte, dass er der Stammvater eines großen Volkes werden würde und Abraham und seinen Nachkommen seine Bundesverheißung gegeben hat. Gott hat eine Bestimmung für sein Volk, Abrahams Nachkommen, und diese Bestimmung wird hier in diesem Text mit den Worten *Gerechtigkeit* und *Recht* definiert. Gott hat Abraham nicht einfach achtlos aus all den Ungläubigen der Welt auserwählt. Im Gegenteil, er schafft ein Volk, das heilig sein soll, abgesondert, ein Volk, das Gottes Wesen und Charakter bezeugen soll, indem sie ihm im Streben nach Recht und Gerechtigkeit nacheifern.

Hören wir, was Gott Abraham infolgedessen ankündigte, beginnend in Vers 20:

> Und der HERR sprach: Das Geschrei über Sodom und Gomorrha ist groß, und ihre Sünde ist sehr schwer. Darum will ich hinabsteigen und sehen, ob sie es wirklich ganz nach dem Geschrei über sie getrieben haben, das vor mich gekommen ist, oder ob nicht; ich will es wissen! Und die Männer wandten ihr Angesicht von dort und gingen nach Sodom; aber Abraham blieb noch stehen vor dem HERRN. Und Abraham trat näher und sprach: Willst du auch den Gerechten mit dem Gottlosen wegraffen?

Diese Stelle ist voller Dramatik. Gott sagt: „Ich will Sodom und Gomorrha besuchen, weil ich einen großen Aufschrei über die Schwere ihrer Bosheit und die Schlimme ihres Übels gehört habe." Das bedeutet, er wird mit diesen Städten ins Gericht gehen. Gott weiß bereits, was sich dort abspielt, weil er allwissend ist. Er braucht keine Ortsbesichtigung zu machen, um für sich die Wahrheit herauszufinden.

Abraham weiß genau, was Gottes Absicht ist: Gericht, denn er stellt Gott eine theologische Frage. Abraham ist in der Tat der Vater der Gläubigen; er ist der altehrwürdige Patriarch des Alten Testamentes, ein Mann nach Gottes eigenem Herzen, ein Fürsprecher für die Güte, die Gerechtigkeit und die Wahrheit. Darum können wir wohl annehmen, Abraham sei ein besserer Theologe als der, für den wir ihn aufgrund der von ihm gestellten Frage halten. Wir hätten kaum erwartet, dass Abraham – in seiner erhobenen Position als Patriarch des Alten Testamentes – der Gottheit eine Frage stellt, die eine nur hauchdünn verschleierte Form von Blasphemie ist.

Aber genau das tut Abraham. Er fragt: „Willst du auch den Gerechten mit dem Gottlosen wegraffen?" Mit anderen Worten, Abraham fragt: „Gott, wenn du dein Gericht über Sodom und Gomorrha bringst, wirst du dann sowohl die Schuldigen als auch die Unschuldigen vernichten?" Solch eine Frage zu stellen, bedeutet, dass die Antwort etwas über Gott selbst aussagt.

Als Kind war ich noch kein Christ, aber ich hatte bestimmte Ideale. Zu diesen Idealen gehörte der amerikanische Traum von Wahrheit und Gerechtigkeit für alle, und ich hasste Ungerechtigkeit. Während meiner Grundschulzeit ließ einmal ein Freund von mir, David King, während des Unterrichts eine Cherrybomb, einen selbst gebastelten Feuerwerkskörper, explodieren, als die Lehrerin uns gerade den Rücken zugedreht hatte. Als sie explodierte, hörte es sich an wie die Explosion einer Atombombe. Die Lehrerin machte einen Luftsprung, ließ die Kreide fallen und drehte sich um – bleich vor Schreck. Sofort fragte sie: „Okay, wer war das?" Nicht alle in der Klasse wussten, wer es gewesen war, aber die meisten von uns konnten sich denken, wer der Schuldige war. Auch die Lehrerin hatte einen gewissen Verdacht, denn David King hatte sich durch solche Streiche bereits einen Namen gemacht. Ich saß ganz hinten im Saal, direkt neben David, und ich wusste, dass er es gewesen war. Aber es gab einen Ehrenkodex: Man verpetzte seine Freunde nicht. Darum meldete sich auch niemand, als die Lehrerin fragte, wer die Cherrybomb gezündet hatte. Sie verdonnerte die ganze Klasse zum Nachsitzen, und zwar so lange, bis entweder jemand geständig war, oder ein anderer den Übeltäter verriet. Das ging mir gegen den Strich. Diese Bestrafung war vielleicht ein effektives Mittel der Pädagogik und Disziplin, aber sie nervte mich, weil sie nicht gerecht war. Um den Schuldigen zu erwischen, bestrafte die Lehrerin die unschuldigen Schüler, die nicht wussten, wer das Verbrechen begangen hatte und die mit dem Verbrechen nichts zu tun hatten. Sie mussten nach Unterrichtsschluss noch in der Schule bleiben, ob sie wollten oder nicht, nur weil es in die Strategie der Lehrerin passte. Was diese Lehrerin tat, war vielleicht effektiv und vermutlich praktikabel, aber es war nicht gerecht.

Gott ist kein frustrierter Schullehrer. Gott ist allwissend. Er braucht keine Spielchen zu spielen, um die schuldige Partei aufzuspüren. Er ist gerecht und vollkommen, und so würde er nie und nimmer einen Unschuldigen bestrafen. Abraham hätte das wissen sollen. Seine Frage war eine Beleidigung der Gottheit.

Abraham beginnt dann, mit Gott zu verhandeln und zu feilschen. Beginnend in 1. Mose 18,24 sagt er:

> Vielleicht gibt es fünfzig Gerechte in der Stadt; willst du die wegraffen und den Ort nicht verschonen um der fünfzig Gerechten willen, die darin sind? Das sei ferne von dir, dass du eine solche Sache tust und den Gerechten tötest mit dem Gottlosen, dass der Gerechte sei wie der Gottlose. Das sei ferne von dir! Sollte der Richter der ganzen Erde nicht gerecht richten?

Nun ist mein Glaube an Abraham wiederhergestellt. Nachdem er solch eine abwegige Frage gestellt hatte: „Willst du auch den Gerechten mit dem Gottlosen wegraffen?“, liegt Abraham in dem, was er sagt, wieder richtig. Er sagt: „Das sei ferne von dir, dass du eine solche Sache tust und den Gerechten tötest mit dem Gottlosen.“ Nun ist seine Theologie wieder gut, aber ich frage mich dennoch, ob Abraham vollständig begriff, wie fern es Gott wirklich liegt, nicht gerecht zu handeln. Durch seine rhetorische Frage: „Sollte der Richter der ganzen Erde nicht gerecht richten?“, beweist Abraham, wie unübersehbar offensichtlich es ist, dass der Richter aller Welt tun *wird,* was recht ist, denn das allein ist, was der Richter der ganzen Erde weiß und tun kann.

Gott bestätigt daraufhin Abrahams Überzeugung, indem er dem Patriarchen zusichert, dass er in seinem Erbarmen und seiner Güte die ganze Stadt verschonen will, wenn nur fünfzig Gerechte darin zu finden seien. Gott spricht: „Ich werde sogar den Schuldigen gnädig sein. Es liegt mir so fern, die Unschuldigen zu bestrafen, dass ich sogar die Schuldigen davonkommen lasse, um die Unschuldigen zu bewahren.“

Mitte der Neunzigerjahre herrschte in den USA ein unstillbares Interesse an dem Gerichtsverfahren des wegen Mordes angeklagten ehemaligen Footballstars O. J. Simpson. Die Öffentlichkeit wurde immer ungehaltener, weil sich das Verfahren so in die Länge zog. Die Menschen waren überzeugt, dass er ganz offensichtlich schuldig sei und hinter Gitter gehört. Aber dieses Verfahren brachte, vielleicht mehr als jedes andere Verfahren, ein Prinzip des U.S.-amerikanischen Strafrechts zum Ausdruck, das die Nachweislast vollständig der Anklage aufbürdet und fordert, dass zum Schutz der Unschuldigen die Beweise über jeden begründeten Zweifel erhaben sein müssen. In der amerikanischen Strafgerichtsbarkeit räumen wir ein, dass wir, da wir weder unfehlbar noch allwissend sind, nicht immer ganz sicher sein können, wer ein Verbrechen begangen hat. Wenn wir irren, so sagt das Strafrecht, dann sollten wir eher aufseiten der Milde als aufseiten der Strenge irren.

Abraham aber ist mit Gottes Zusage, allen Einwohnern um der fünfzig Gerechten willen Milde zu erweisen, noch nicht zufrieden. In Vers 27 fährt er fort:

Und Abraham antwortete und sprach: Ach siehe, ich habe es gewagt, mit dem Herrn zu reden, obwohl ich nur Staub und Asche bin! Vielleicht gibt es fünf weniger als fünfzig Gerechte darin; willst du denn die ganze Stadt verderben um der fünf willen? Er sprach: Wenn ich darin fünfundvierzig finde, so will ich sie nicht verderben! Und er fuhr weiter fort mit ihm zu reden und sprach: Vielleicht finden sich vierzig darin. Er aber sprach: Ich will ihnen nichts tun um der vierzig willen! Und Abraham sprach: Möge es [meinen] Herrn nicht erzürnen, wenn ich noch weiter rede! Vielleicht finden sich dreißig darin. Er aber sprach: Wenn ich dreißig darin finde, so will ich ihnen nichts tun! Und er sprach: Ach siehe, ich habe es gewagt, mit [meinem] Herrn zu reden: Vielleicht finden sich zwanzig darin. Er antwortete: Ich will sie nicht verderben um der zwanzig willen! Und er sprach: Ach, zürne nicht, [mein] Herr, dass ich nur noch diesmal rede: Vielleicht finden sich zehn darin. Er aber sprach: Ich will sie nicht verderben um der zehn willen! Und der HERR ging hinweg, als er mit Abraham ausgeredet hatte; Abraham aber kehrte wieder an seinen Ort zurück.

Die Bibel sagt uns, dass Gott keine zehn Gerechten unter allen Einwohnern dieser Städte finden konnte. Als Folge kam Gottes Gericht. Es kam nicht, weil Gott grausam und streng wäre oder keine Liebe hätte. Es geschah, weil Gott Gerechtigkeit ist und Recht tut.

Völlig zu recht wäre dieses Gericht auch das Schicksal der gesamten menschlichen Rasse. Es gab nicht nur keine zehn Gerechten in Sodom, es gibt auch keine zehn in der ganzen Welt. Römer 3,10b sagt uns: „Es ist keiner gerecht, auch nicht einer.“ Alle Menschen haben das Recht Gottes gebrochen und verdienen sein Gericht.

So findet die Notwendigkeit der Sühne Christi ihren Ursprung zuallererst im Wesen Gottes. Da er heilig und gerecht ist, kann er über die Sünde nicht hinwegsehen. Vielmehr muss er sie verurteilen. Der Richter der ganzen Welt muss Recht tun. Darum muss er Sünder bestrafen – oder einen Weg bereiten, ihre Sünde zu sühnen.

Drei

SCHULDENMACHER, GEGENSPIELER UND GESETZESBRECHER

Vor einigen Jahren erhielt ich ein kostenloses Ansichtsexemplar einer neu erschienenen Sammlung von Zitaten. Ich freute mich zwar darüber, wusste aber nicht, warum ich sie bekommen hatte, bis ich beim Durchblättern unter all den Zitaten von Immanuel Kant, John Stuart Mill, Aristoteles, Plato, Thomas von Aquin und Augustinus zu meinem größten Erstaunen auch ein Zitat von mir selbst fand. Die Herausgeber hatten mir die Ehre erwiesen, ein Statement, das ich gemacht hatte, aufzunehmen. Ich hatte diesen Satz nie für besonders bedeutsam gehalten. Irgendjemand jedoch hatte ihn für bedeutsam genug gehalten, um in diesem Buch veröffentlicht zu werden. Das Zitat lautete: „Sünde ist kosmischer Verrat".

Mit diesen Worten wollte ich den Ernst menschlicher Sünde zum Ausdruck bringen. Wir nehmen uns oft kaum Zeit, die Konsequenzen unserer Sünde zu bedenken. Wir merken nicht, dass selbst die kleinsten Sünden, die wir begehen, wie etwa kleine Notlügen und andere Bagatellen, das Gesetz des Schöpfers des Universums brechen. Selbst durch die kleinste Sünde widersetzen wir uns dem Anspruch Gottes, über seine Schöpfung zu regieren. Stattdessen bemächtigen wir uns selbst der Macht und der Autorität, die eigentlich Gott gehört. Auch nur der Hauch einer Sünde ist ein Verstoß gegen seine Heiligkeit, seine Ehre und seine Gerechtigkeit. Jede Sünde, ganz egal wie unscheinbar sie einem erscheinen mag, ist wirklich und wahrhaftig Verrat gegen den König des ganzen Kosmos.

Wir müssen zwei Aspekte des einen Problems verstehen, wenn wir die Notwendigkeit für das Sühnopfer Christi begreifen wollen. Im vorherigen Kapitel haben wir den ersten dieser Aspekte gesehen, nämlich dass Gott gerecht ist. Mit anderen Worten, er kann keine Ungerechtigkeit tolerieren. Er muss tun, was recht ist. Aber ich habe bereits den anderen Aspekt des Problems angedeutet. Wir haben gegen Gottes Recht verstoßen und sein Missfallen verdient. Wir sind kosmische Verräter. Wir müssen dieses uns innewohnende Problem erkennen, um die Notwendigkeit des Kreuzes zu begreifen.

„Kosmischer Verrat" ist eine mögliche Charakterisierung der Sünde, aber die Bibel hat noch einige andere hilfreiche Beschreibungen, die die Notwendigkeit des Kreuzes erhellen und verdeutlichen, was Christus dort vollbracht hat. Faktisch gibt es in der Bibel drei unterschiedliche Möglichkeiten, die menschliche Sünde zu beschreiben und zu vermitteln: Sie wird als Schuld bezeichnet, als Feindschaft und als Verbrechen. Indem Sünde in dieser Weise beschrieben wird, möchte uns die Bibel helfen, unsere Sünde so einzustufen, wie sie wirklich ist: eine schreckliche Sache.

Zuerst wird die Sünde als *eine Schuld* beschrieben. Diese Darstellung sehen wir sehr deutlich in dem Gebet, das Jesus seinen Jüngern beibrachte, als er sie lehrte zu bitten: „Und vergib uns unsere Schuld, wie auch wir vergeben unsern Schuldigern" (Mt 6,12; LUT). Später lehrte er in dem Gleichnis vom unbarmherzigen Knecht, der nicht vergeben wollte, dass Christen eine Verpflichtung haben, die Schulden anderer zu vergeben, weil Gott ihnen ihre eigenen Schulden vergeben hat (Mt 18,21–35).

Um vollends zu verstehen, was es bedeutet, wenn die Schrift sagt, dass der Mensch durch seine Sünde Schulden macht, müssen wir die Rolle Gottes als souveräner Herr über das Universum verstehen. Wenn wir von Gottes Souveränität sprechen, dann reden wir von seiner Autorität. Das Wort *Autorität* beinhaltet ein anderes Wort: *Autor.* Dieses Wort ist von dem lateinischen Wort „auctor" abgeleitet und bedeutet: Urheber, Schöpfer, Förderer, Veranlasser. Da Gott der

„auctor" aller Dinge ist, hat er auch über alles, was er erschaffen hat, Autorität.

Vielleicht erkläre ich nur das allzu Offensichtliche, aber mir fällt auf, dass in unserer Kultur viel Verwirrung über das Wesen von Autorität herrscht. Wenn wir über rechtmäßig eingesetzte Autorität sprechen, dann meinen wir eine Person oder ein Amt, die das Recht besitzen, Pflichten aufzuerlegen. Wenn ich jemandes Autorität unterstehe, dann hat diese Person das Recht, mir Pflichten aufzuerlegen. Wenn mir also ein moralisch vertretbarer Befehl erteilt wird, habe ich die Verantwortung, diesem Befehl nachzukommen. Genauso sind wir Gottes Autorität unterstellt, weil er der „auctor" aller Dinge ist. So hat er das ureigene und absolute Recht, uns Verpflichtungen aufzuerlegen. Wenn er etwas befiehlt, dann schulden wir ihm Gehorsam. Wenn wir den Pflichten, die er uns auferlegt, nicht nachkommen, dann machen wir Schulden. Nach dieser Auffassung von Sünde ist Gott der Gläubiger und wir sind die Schuldner.

Es ist eine Sache Schulden gemacht zu haben und dann zu versuchen, mithilfe einer Schuldnerberatung die Schulden nach und nach abzutragen. Aber die Schulden, die wir hinsichtlich unseres Gehorsams Gott gegenüber haben, ist eine völlig andere Sache. Sie können unmöglich mit irgendeinem Ratenzahlungsplan zurückgezahlt werden. Warum? Um diese Frage zu beantworten, müssen wir das wahre Wesen der Pflichten verstehen, die Gott seinen Kreaturen auferlegt. Wie gerecht müssen wir denn sein? Wie anständig haben wir zu sein? Gott verlangt vollkommenen Gehorsam und sündlose Vollkommenheit.

Dies ist die Krux des Problems. Wenn ich dafür verantwortlich bin, vollkommen zu sein, und ich sündige ein einziges Mal, was muss ich dann tun, um wieder vollkommen zu sein? Wie viel Zinsen muss ich zusätzlich zu der eigentlichen Schuld noch bezahlen, um den Makel auszugleichen? Was muss ich tun, um wieder vollkommen zu werden, nachdem ich einmal unvollkommen war? Ganz einfach gesagt: Es ist schlicht unmöglich. Wenn wir einmal sündigen, dann geht es uns wie Lady Macbeth, die, nachdem sie ihren Mann zu einem Mord verführt hatte, sich niemals mehr von diesem unauslöschlichen Fleck reinwaschen konnte. Ebenso können auch wir unsere Sündenschuld nicht löschen.

Heutzutage versuchen wir die Aussichtslosigkeit dieser Situation zu umgehen, indem wir darauf pochen, dass doch jeder eine zweite Chance verdient. Meine Antwort darauf ist: „Wer sagt das?“ Verlangt Gerechtigkeit, dass jeder eine zweite Chance bekommt? Eine zweite Chance ist Gnade. Es ist Barmherzigkeit. Gnade und Barmherzigkeit können *niemals* verdient werden. Darum ist es völlig unsinnig zu behaupten, jeder verdiene eine zweite Chance. Doch selbst wenn dieser sinnlose und hypothetische Zustand zuträfe, was würde uns das nützen? Wie lange ist es her, seit wir unsere zweite Chance vertan haben?

Unser Problem ist nicht, dass wir beinahe makellose moralische Kreaturen sind, deren ansonsten blütenweiße Weste nur durch winzige Flecken verunreinigt ist. Vielmehr ist es so, dass die Schrift uns, was unseren Gehorsam Gott gegenüber betrifft, geradezu als jämmerlich unzureichend darstellt. Es ist nicht so, dass wir uns hin und wieder durch eine Bagatelle beschmutzen. Wir haben einen Schuldenberg angehäuft, den wir unmöglich zurückzahlen können.

Wenn jemand zu mir sagen würde: „Robert, du hast 10.000 Dollar Schulden. Wir werden uns einen Plan ausdenken, damit du die Schuld zurückzahlen kannst“, dann könnte ich damit leben. Was aber würde ich tun, wenn man mir sagte: „Du hast 10 Milliarden Dollar Schulden, und du hast drei Tage Zeit, die Schulden zu begleichen.“? Könnte ich das jemals schaffen? Es wäre theoretisch möglich, aber es ist viel wahrscheinlicher, dass ich das Geld niemals auftreiben könnte. Was aber meine Schulden Gott gegenüber betrifft, so besteht keine Möglichkeit, dass ich jemals zurückzahlen könnte, was ich schulde. Niemand unter uns könnte diese Schulden jemals begleichen.

Zweitens wird Sünde aus der biblischen Perspektive als ein Ausdruck der *Feindschaft* betrachtet. Anders ausgedrückt stellt Sünde eine Verletzung der persönlichen Beziehung dar, die die Menschen mit ihrem Schöpfer eigentlich haben sollten. Indem wir sündigen, bringen wir unserem Schöpfer gegenüber keine Liebe, Zuneigung und Hingabe zum Ausdruck.

Vielmehr weisen wir ihn ab und zeigen ihm unsere Feindseligkeit.

Es ist sehr wichtig zu verstehen, dass Gott uns keine Feindschaft entgegenbringt. Er hat niemals ein Versprechen gebrochen. Er hat niemals gegen einen Bund verstoßen. Er hat uns gegenüber niemals einen Eid abgelegt und ihn dann nicht erfüllt. Er hat keinen Menschen in dieser Welt jemals ungerecht behandelt. Als seine Kreaturen hat er uns niemals missbraucht. Kurzum, er ist seiner Seite der Beziehung perfekt nachgekommen. Aber wir haben ihn verletzt. Wir haben die Geschöpf-Schöpfer-Beziehung verletzt. Durch unsere Sünde erweisen wir uns als Gottes Feinde. Was diese Feindschaft angeht, ist Gott der Geschädigte, das Opfer.

Nun mögen Leute sagen: „Das ist doch klar. Das haben wir im Kindergottesdienst gelernt." Aber ich begegne tagtäglich Menschen, die einen tiefen Groll gegen Gott hegen, weil sie meinen, Gott hätte sie irgendwie unfair behandelt. „Wie kann Gott zulassen, dass mir das passiert?", ist der Vorwurf. Die unausgesprochene Aussage ist: „Wäre Gott wirklich gut, wäre

Gott wirklich gerecht, dann würde er erkennen, was ich verdient habe, und mich entsprechend behandeln. Er würde mir mehr geben, als ich habe. Gott ist nicht fair!" Das Gefühl, Gott hätte uns irgendwie geschädigt, steckt uns tief in den Knochen.

In dieser Welt regiert das zwischenmenschliche Unrecht. Die Menschen belügen und betrügen sich gegenseitig und schaden einander. Auf der horizontalen Ebene regiert das Unrecht. Aber wie viel Unrecht geht vertikal von Gott zum Menschen? Wenn mich jemand verletzt und mich zum Opfer seiner bösen Taten macht, so darf ich Gott bitten: „Lieber Gott, vergelte, was mir angetan wurde, rechtfertige mich, befreie mich, rette mich vor dem Unrecht, das diese Person mir zufügt." Aber ist es legitim zu klagen: „Gott, die Tatsache, dass du dieser Person erlaubt hast, mir Unrecht zuzufügen, ist ungerecht von dir"? Nein. Nichts in dieser Welt wird mir jemals widerfahren, das mir einen gerechten Grund bieten würde, Gottes Integrität hinsichtlich unserer Beziehung anzugreifen. Gott ist in dieser Sache der Geschädigte, nicht wir.

Nach der Heiligen Schrift haben wir uns so verhalten, dass wir unsere Beziehung zu Gott abgebrochen haben. Wir betreiben und offenbaren unsere Feindschaft durch unseren fortwährenden Ungehorsam. Er ist zornig über unsere Sünde. Infolgedessen sind Mensch und Gott einander entfremdet.

Drittens beschreibt die Bibel Sünde als ein *Gesetzesverstoß*. In der klassischen presbyterianischen Tradition haben wir eine Definition der Sünde. Im Kleinen Westminster Katechismus heißt es in Frage 14: „Was ist Sünde?“ Und er liefert folgende Antwort: „Sünde ist jeglicher Mangel an Übereinstimmung mit dem Gesetz Gottes und jegliche Übertretung des Gesetzes Gottes.“ Die Begriffe *Mangel an Übereinstimmung* sowie *Übertretung* bringen ein Versagen zum Ausdruck, Gottes Gesetz zu halten. In diesem Sinne ist Sünde ein „Verbrechen“.

Wie wir bereits gesehen haben, als wir Sünde als Schuld betrachtet haben, haben wir die Pflicht, Gott zu gehorchen, da er uns erschaffen und somit Autorität über uns hat. Diese Autorität gibt ihm das Recht, uns in die Pflicht zu nehmen. Er tut dies, indem er

Ansprüche an unseren Gehorsam erhebt. Gott regiert nicht per Referendum oder Volksentscheid. Ebenso wenig macht er Vorschläge oder gibt Empfehlungen. Er erlässt Gebote – „Du sollst …“ oder „Du sollst nicht …“ –, die wir aufgrund seiner absoluten Autorität und Souveränität als apodiktisches, keinen Widerspruch duldendes Gesetz bezeichnen.

Wenn Gott ein Gesetz erlässt, wenn er eine gewisse Verhaltensweise vorschreibt, dann ist es unsere Pflicht, als seine Kreaturen zu tun, was er sagt. Eine moralische Verpflichtung, mit diesem Gesetz konform zu leben, wird uns von Gottes Seite rechtmäßig auferlegt. Wenn wir nicht konform leben, dann brechen wir das Gesetz und das bedeutet, dass wir in den Augen Gottes ein Verbrechen begangen haben. Wenn ein Verbrechen begangen wird, dann wurde gegen sein Recht verstoßen, und wir haben Strafmaßnahmen verdient.

Nach diesem Verständnis von Sünde fungiert Gott als der Richter. Wenn wir unseren Pflichten nicht nachkommen, so hat Gott eine Pflicht, uns zu richten. Wie Abraham erkannte, muss der Richter der ganzen Welt tun, was recht ist. Ein gerechter Richter, ein guter Richter, ist nicht einer, der ein Verbrechen ungestraft lässt. Gott ist vor allem ein Gott von Recht und Ordnung. Gott erlässt nicht nur Gesetze, er setzt sie auch durch. Wenn wir daher auch nur die kleinste Sünde begehen, sind wir in Schwierigkeiten. Gott ist gerecht und seine Gerechtigkeit verlangt, dass Sünde bestraft wird.

Im vorherigen Kapitel habe ich bemerkt, dass Anselm von Canterbury den Punkt betont, dass Gottes Recht und Gerechtigkeit die hauptsächlichen Gründe für die Notwendigkeit des Kreuzes bilden. Nach Anselm stellt jede der drei Charakteristika der Sünde, die wir betrachtet haben – eine Schuld, eine Feindschaft und ein Verbrechen –, eine Verletzung der göttlichen Gerechtigkeit dar, die Wiedergutmachung erfordert. Wenn wir Schuld auf uns laden, weil wir versagen, einer Verpflichtung Gott gegenüber nachzukommen, muss diese Schuld beglichen werden, das heißt, den Anforderungen muss auf zufriedenstellende Art und Weise Genüge getan werden. Wenn Sünde Feindschaft und Entfremdung verursacht, dann müssen die Bedingungen, um die Entfremdung zu beenden und Versöhnung herbeizuführen, erfüllt werden. Wenn wir ein Verbrechen gegen Gott begehen, muss seiner Gerechtigkeit Genüge getan werden, entweder durch Bezahlung oder Strafe, die den Anforderungen der göttlichen Gerechtigkeit entsprechen, oder sie nimmt Schaden. Wir sehen, dass im Zentrum von Anselms Verständnis der Sühnung und des Sühnopfers dieses Konzept der Genugtuung steht.

Wie kann solch eine Genugtuung bewerkstelligt werden? Sie wird von einem anderen Teilnehmer an diesem Sühnedrama geleistet – dem Herrn Jesus Christus. Für jede Charakterisierung der Sünde, die wir in der Bibel vorfinden, spielt Jesus eine zentrale Rolle. Wir können die Rollen aller Beteiligten wie folgt zusammenfassen:

Sünde als ...	Mensch	Gott	Christus
Schuld	Schuldner	Gläubiger	Bürge
Feindschaft	Gegner	Angegriffener	Mittler
Gesetzesverstoß	Gesetzesbrecher	Richter	Stellvertreter

Wenn die Sünde als eine *Schuld* dargestellt wird, so bezeichnet das Neue Testament Christus als unseren Bürgen (Heb 7,22). Das ist ein Ausdruck aus der Wirtschaft, genauso wie Schulden ein Ausdruck aus der Wirtschaft ist. Durch diese Wortwahl sagt uns die Bibel, dass Christus der Eine ist, der den Schuldbrief mitunterzeichnet. Er ist der Eine, der für uns geradesteht, unseren Schuldenberg übernimmt und für alle Anforderungen, um die Schulden zurückzuzahlen, zuständig ist.

In Bezug auf Sünde als ein Ausdruck von *Feindschaft* spielt Christus die Rolle eines Mittlers. Wenn es zwischen Menschen zum Streit kommt, versucht ein Vermittler zwischen den beiden zerstrittenen Parteien zu vermitteln und sie zusammenzubringen. Wir nennen das Versöhnung und genau das schafft Christus. Er versöhnt Gott mit den Menschen. Wie der Apostel Paulus schreibt: „Weil nämlich Gott in Christus war und die Welt mit sich selbst versöhnte" (2. Kor 5,19a).

Wenn Sünde als *Gesetzesverstoß* charakterisiert wird, so sehen wir, dass Christus der Eine ist, der in diesem Sühnedrama gerichtet und bestraft wird. Seine Funktion ist die eines Stellvertreters, der an die Stelle der wahren Verbrecher tritt – an meine und Ihre Stelle.

So ist nun Christus derjenige, der Genugtuung geleistet hat. Durch sein Werk am Kreuz erfüllte er die Anforderungen der Gerechtigkeit Gottes, was unsere Schulden angeht, unsere Feindschaft und unsere Verbrechen. In Anbetracht der Gerechtigkeit Gottes und unserer Sündhaftigkeit ist es nicht schwer, die absolute Notwendigkeit einer Sühnung anzuerkennen.

Wir müssen darauf achten, dass wir genau verstehen, wie Jesus diese wichtige Rolle ausfüllt. Man begegnet häufig schwerwiegenden Verzerrungen des biblischen Konzepts der Sühnung. Zum Beispiel, nach einer populären Sichtweise ist Gott der Vater über die Menschen aufgebracht, aber Gott der Sohn identifiziert sich so mitfühlend mit unserem gefallenen Zustand, dass er sich in unserer Not auf unsere Seite schlägt und als Mittler für uns eintritt, den Zorn des Vaters zu besänftigen. Der Vater steht kurz davor, alle zu bestrafen und sie in die Hölle zu schicken, aber der Sohn sagt: „Bestrafe mich stattdessen. Lass mich ihren Platz einnehmen. Lass mich nicht nur das Streitgespräch moderieren, sondern lass mich deinen Zorn auffangen. Du kannst deine Wut an mir auslassen." Nach dieser Sichtweise existiert eine Spannung oder eine Spaltung in der Gottheit selbst, so als hätte der Vater eine Absicht, aber der Sohn überredete ihn, seine Meinung zu ändern. Dieses Szenario mag lächerlich klingen, ist aber ein ernst zu nehmender Einwand, der auf theologischer Ebene von studierten Theologen eingebracht wird.

Diese Vorstellung ist eine weitverbreitete und vorherrschende Überzeugung unter Christen, vielleicht weil der Sohn liebevoller, geduldiger und barmherziger erscheint als der Vater. In diesem Sinne tendieren manche evangelikale Christen dazu, Unitarier der zweiten Person der Gottheit zu werden. Es gibt herzlichste Zuneigung für Jesus, aber der Vater wird in der christlichen Lehre, in der Verkündigung und in der Liturgie fast völlig ignoriert.

Lassen Sie mich Ihnen die biblische Sicht einmal mithilfe des folgenden Szenarios vor Augen malen. Nehmen wir einmal an, ich ginge zu einem Freund

und sagte: „Ron, ich stecke in Schwierigkeiten. Ich muss 10.000 Dollar borgen. Würdest du mir 10.000 Dollar leihen?“ Und Ron würde sagen: „Sicher.“ Er leiht mir 10.000 Dollar und ich weiß, dass ich ihm jetzt 10.000 Dollar schulde. Wir haben ein ganz legales und unverwerfliches Abkommen. Unglücklicherweise wache ich eines Morgens auf und merke, dass ich die 10.000 Dollar nicht zurückzahlen kann. Jetzt stecke ich in argen Schwierigkeiten. Nun kommt aber meine Schwester und sagt: „Mach dir keine Sorgen. Ich bezahle die 10.000 Dollar.“ Also gibt sie Ron die 10.000 Dollar, die ich ihm schulde. Jetzt schulde ich Ron nichts mehr. Meine Schulden wurden zu 100 Prozent getilgt. Er ist sogar dazu verpflichtet, die 10.000 Dollar zur Begleichung der Schulden zu akzeptieren, denn es handelt sich um ein ganz legales Verfahren, meine Schulden zu begleichen, denn meine einzige Verpflichtung Ron gegenüber besteht darin, das Geld zurückzuzahlen. So verhält es sich eben mit Schulden.

Aber nehmen wir nun einmal an, ich würde in Rons Haus einbrechen und 10.000 Dollar stehlen.

Ron kommt nach Hause, merkt, dass seine 10.000 Dollar weg sind, und ruft die Polizei. Die Polizei findet meine Fingerabdrücke, macht mich ausfindig, stellt die 10.000 Dollar bei mir sicher und verhaftet mich. Ich könnte sagen: „Es tut mir wirklich leid, was passiert ist. Hier! Nehmen Sie das Geld. Geben Sie es Ron zurück und wir vergessen die ganze Sache." Es könnte jedoch sein, dass ich das Geld bereits ausgegeben habe, bevor die Polizei mich festnehmen konnte. Aber meine Schwester kommt und sagt: „Augenblick, ich gebe ihm die 10.000 Dollar." In beiden Fällen ist Ron nicht dazu verpflichtet, die 10.000 Dollar zu akzeptieren, um meine Weste reinzuwaschen, denn ich habe bei Ron nicht nur Schulden, ich habe auch eine Straftat begangen und ihn als Person verletzt. Er hat nun das Recht zu entscheiden, ob er die Bezahlung annimmt und auf weitere Strafverfolgung verzichtet oder nicht, denn er ist der Geschädigte.

Wenn Jesus sich anbietet, den Forderungen gegen mich Genüge zu leisten, und damit diese Bezahlung auch akzeptiert wird, muss Gott der Vater, der mein Gläubiger ist, der Geschädigte und mein Richter, entscheiden und bestimmen, dass er diese Zahlung durch einen anderen an meiner statt akzeptiert. In anderen Worten, wenn ich Gott die Todesstrafe schuldig bin, weil ich gegen ihn gesündigt habe, und Jesus sagt: „Ich werde für ihn sterben“, und er gibt dann sein Leben hin und stirbt für mich, wäre dann der Vater auf irgendeine Weise verpflichtet, diese Bezahlung anzunehmen? Nein. Zuerst muss es einen hochrichterlichen Beschluss vom Herrscher des Universums geben, dass er diese stellvertretende Zahlung für meine Schuld, meine Feindschaft und meine Verbrechen auch tatsächlich annimmt.

Wie wir wissen, hat Gott die stellvertretende Zahlung, die Jesus am Kreuz für uns gemacht hat, angenommen, woran wir sehen, dass der Vater im Vorfeld eine Entscheidung getroffen hatte, die auf Gnade allein basierte. Irgendwann vor Anbeginn der Zeit traf er die Entscheidung, die Genugtuung durch den Stellvertreter anzunehmen. Wir mögen vielleicht glauben, der Sohn sei liebevoller als der Vater, aber wessen Idee war es, uns einen Mittler zu geben? Wer entsandte denn den Mittler? Wie die Schrift verkündet: „Denn so hat Gott die Welt geliebt, dass er seinen eingeborenen Sohn gab …" (Joh 3, 16a). Gott der Vater, den wir mit unseren Sünden verletzt haben, sandte den Sohn als Mittler, der uns mit sich selbst versöhnen sollte.

In unserer heutigen Zeit tendieren Theologen dazu, Anselms Einsichten zurückzuweisen und halten aus irgendeinem Grund wenig von einem Gott, der Genugtuung fordert. In vieler Hinsicht lehnen sie die gesamte Idee der Satisfaktion ab. Aber es ist unmöglich, das Neue Testament zu lesen, ohne auf dieses Konzept gestoßen zu werden. Wie Paulus im Römerbrief sagt, als er die Lehre der Rechtfertigung auslegt, kam Gott, „um seine Gerechtigkeit in der jetzigen Zeit zu erweisen, damit er selbst gerecht sei und zugleich den rechtfertige, der aus dem Glauben an Jesus ist" (Röm 3, 26). Darum geht es beim Kreuz: Es offenbart die Gerechtigkeit und die Gnade Gottes. Durch das Werk der Sühne kann Gott seine Gerechtigkeit aufrechterhalten und dennoch seine Gnade demonstrieren, indem er eine Genugtuung vollbringt für Schuldner, die ihre Schulden nicht bezahlen können, für die Feinde, die keine Versöhnung finden, um ihr Zerwürfnis zu überkommen, und für die Verbrecher, die für ihre Verbrechen nicht geradestehen können.

Gott sagt: „Der Gerechtigkeit wird Genüge getan. Die Schulden werden vollends bezahlt. Das Verbrechen wird bestraft.“ Er verhandelt nicht über seine Gerechtigkeit – überhaupt nicht. Die Tatsache, dass meine Schuld bezahlt ist, die Bedingungen für eine Versöhnung erfüllt sind und die Strafe für mein Verbrechen von meinem Stellvertreter verbüßt wurde, zeigt, dass sich im Kreuz vollkommene Gerechtigkeit und vollkommene Barmherzigkeit treffen. In diesem Wechsel, der am Kreuz stattfand, sehen wir die herrliche Gnade Gottes – den Herzschlag des christlichen Glaubens.

Vier

ERLÖSUNG AUS DEM HIMMEL

Es muss Momente im Leben von Jesus gegeben haben, besonders gegen Ende seines Wirkens auf Erden, in denen er, zumindest was sein Menschsein angeht, enttäuscht war. Zum Beispiel, als er auf seiner letzten Tour von Galiläa nach Jerusalem die Aufmerksamkeit seiner Jünger immer wieder auf seine „Stunde" lenkte, die bevorstand, um die Jünger darauf vorzubereiten, dass er nach Jerusalem gehen würde um zu sterben. Aber irgendwie kam die Botschaft bei ihnen nicht an.

Das Markusevangelium erzählt folgende Begebenheit während dieser Tour:

> Sie waren aber auf dem Weg und zogen hinauf nach Jerusalem, und Jesus ging ihnen voran, und sie entsetzten sich und folgten ihm mit Bangen. Da nahm er die Zwölf nochmals beiseite und fing an, ihnen zu sagen, was mit ihm geschehen werde: Siehe, wir ziehen hinauf nach Jerusalem, und der Sohn des Menschen wird den obersten Priestern und den Schriftgelehrten ausgeliefert werden; und sie werden ihn zum Tode verurteilen und ihn den Heiden ausliefern; und sie werden ihn verspotten und geißeln und anspucken und ihn töten; und am dritten Tag wird er wieder auferstehen. (Mk 10,32–34)

Dies war eine sehr ernüchternde Warnung. Aber nachdem Jesus das gesagt hatte, tauchten Jakobus und Johannes auf und wollten einer zu seiner Rechten und einer zu seiner Linken sitzen dürfen in seiner Herrlichkeit. Dies war nur eine Variante des Themas, das unter den Jüngern ständig diskutiert wurde, nämlich wer der Größte unter ihnen sei. Während Christus sich darauf vorbereitete, sein großes Leiden anzutreten, zankten sich seine engsten Freunde um das Erbe.

Vor diesem Hintergrund sagte Jesus etwas, das von Bedeutung ist für unser Verständnis der Sühnelehre:

> Ihr wisst, dass diejenigen, welche als Herrscher der Heidenvölker gelten, sie unterdrücken, und dass ihre Großen Gewalt über sie ausüben. Unter euch aber soll es nicht so sein, sondern wer unter euch groß werden will, der sei euer Diener, und wer von euch der Erste werden will, der sei aller Knecht. Denn auch der Sohn des Menschen ist nicht gekommen, um sich dienen zu lassen, sondern um zu dienen und sein Leben zu geben als Lösegeld für viele. (Mk 10,42b–45)

In seiner offensichtlichen Frustration wollte Jesus seinen Jüngern vermitteln, worum es bei seiner

Mission ging. Er wollte es einfach und bildhaft ausdrücken, sodass auch seine etwas langsamen Jünger ein für allemal verstehen würden, was er vorhatte. Er sagte, er sei nicht gekommen, damit andere ihm dienen, sondern damit er anderen dadurch diene, dass er sein Leben als *Lösegeld* für sie gibt.

Das griechische Wort, das Markus hier verwendet, ist interessant. Wenn jemand Altgriechisch lernt, so ist das erste Verb, das üblicherweise gelernt wird, das Verb *luo,* was so viel heißt wie „freilassen, freisetzen, losbinden, loslösen“. *Luo* ist die Wurzel von *lutron,* das Wort, das Markus an dieser Stelle verwendet. „Lösegeld“ ist eine gute Übersetzung von *lutron,* denn Lösegeld hat etwas mit loslösen zu tun und damit, etwas freizulassen, das in Gefangenschaft gehalten wird.

Bei Lösegeld denken wir gewöhnlich an eine Entführung. In diesem Fall ist Lösegeld die Bezahlung eines Geldbetrages, die ein Entführer im Gegenzug für die Freilassung eines Menschen verlangt, der gefangen genommen wurde. Der Begriff Lösegeld hatte auch in der antiken Welt die gleiche Bedeutung, aber Lösegeld konnte auch ein Preis sein, der für die Freilassung eines Sklaven oder für die Herausgabe von Kriegsgefangenen bezahlt wurde.

Auch wenn wir das Wort *Lösegeld* in der Heiligen Schrift nicht sehr häufig finden, so steht das Konzept eines Lösegeldes hinter dem weiter gehenden biblischen Gedanken der *Erlösung*. Im biblischen Verständnis ist ein Erlöser jemand, der etwas unternimmt, um jemanden zu befreien. Entsprechend wird Gott als Israels Erlöser bezeichnet, als er sein Volk aus der Gefangenschaft in Ägypten befreite. Die Geschichte vom Exodus handelt von Erlösung.

Dies führt uns zurück zum Kreuz, wo Jesus eine Sühnung für sein Volk erwirkte und somit den Forderungen von Gottes Gerechtigkeit Genüge tat. Wie wir gesehen haben, ist die Sühnung ein facettenreiches Ereignis – Jesus wird als Bürge für unsere Schulden gegenüber Gott gezeigt, der in der Feindschaft zwischen uns und Gott vermittelt und sich als unser Stellvertreter opfert, Gottes Gericht an unserer Stelle zu erleiden. Aber im Neuen Testament wird er auch als der Erlöser gesehen, als der Eine, der sein Volk aus der Gefangenschaft erlöst und sie befreit, indem er sich selbst als Lösegeld darbietet.

Diese Aufgabe bildete das Herzstück der Mission Jesu. Wir erinnern uns, wie Jesus zu Beginn seines öffentlichen Wirkens in seiner Heimatstadt Nazareth in die Synagoge ging und den Text aus Jesaja 61, 1–2 vorlas:

> Der Geist des Herrn ist auf mir, weil er mich gesalbt hat, den Armen frohe Botschaft zu verkünden; er hat mich gesandt, zu heilen, die zerbrochenen Herzens sind, Gefangenen Befreiung zu verkünden und den Blinden, dass sie wieder sehend werden, Zerschlagene in Freiheit zu setzen, um zu verkündigen das angenehme Jahr des Herrn. (Lk 4, 18–19)

Diese Prophezeiung beschreibt das Wesen des Dienstes des Messias, der auch die Freilassung der Gefangenen beinhalten würde. Mit anderen Worten, Jesus erklärte, dass er gekommen war, denen die Freiheit zu schenken, die in Gefangenschaft lebten.

Und dies würde er durch die Bezahlung eines Lösegeldes tun.

An diesem Punkt müssen wir vorsichtig sein. Eine Auffassung der Sühnelehre, die im Laufe der Kirchengeschichte um Anerkennung kämpfte, ist die sogenannte „Lösegeldtheorie“. Diese Theorie wurde aber auf zwei unterschiedliche und oft widersprüchliche Arten artikuliert.

Die erste vertritt den Standpunkt, dass Jesus in der Transaktion am Kreuz Satan ein Lösegeld gezahlt hat, denn Satan hielt die gefallene Menschheit in Gefangenschaft. Satan war sozusagen der Kidnapper, der uns aus dem Haus des Vaters entführt hatte, und Christus kam und zahlte dem Teufel ein Lösegeld, um uns zu befreien.

Es ist leicht sich auszumalen, wohin diese Theorie führen könnte. Denn wer setzt normalerweise ein Lösegeld fest? Es wird nicht von irgendeiner Handelskommission bestimmt, die sich einschaltet und den gängigen Marktwert ermittelt. Die Höhe des Lösegelds wird zunächst vom Entführer bestimmt – oder vom Sklavenhalter oder vom Geiselnehmer. Er setzt die Höhe des Lösegeldes fest, und nun liegt es an denen, die die entführte Person, den Sklaven oder die Geisel befreien möchten, zu entscheiden, ob sie den Gefangenen für so viel wert erachten, dass es die Höhe des Lösegeldes rechtfertigt. Weil das Neue Testament den gefallenen Menschen als Sklaven der Sünde bezeichnet, und weil Satan der Feind Gottes und der Verführer ist, kann man leicht zu der Schlussfolgerung kommen, Satan würde uns gefangen halten und ein Lösegeld von Gott verlangen.

Die Bibel lenkt die Aufmerksamkeit ganz klar auf das *Christus Victor*-Element der Sühne, jenen Aspekt des Werkes Christi, durch das er einen kosmischen Sieg über Mächte und Gewalten errungen, den Teufel besiegt und dessen Macht über uns gebrochen hat. Wir sehen den Konflikt zwischen Jesus und Satan bereits zu Beginn seines öffentlichen Auftretens, als der Geist ihn in die Wildnis führte, damit er vom Teufel versucht werde. Jesus widerstand der Versuchung. Aber als es vorbei war, so berichtet uns Lukas, wich der Teufel „eine Zeit lang" von ihm (Lk 4,13b). Satan zog sich zurück, aber es war kein dauerhafter Rückzug. Es war eher ein strategischer Rückzug, um zu einer besseren Zeit und an einem besseren Ort einen neuen Angriff gegen Christus zu starten. Dieser Konflikt zog sich durch die gesamte Zeit des Wirkens Jesu.

Aber Christus errang den Sieg über Satan am Kreuz. Es geschah genauso, wie Gott es ganz am Anfang der menschlichen Rasse verkündet hatte. Nachdem Adam und Eva gesündigt hatten, kam Gott zu ihnen und sprach Fluchworte über sie aus. Dann wandte er sich der Schlange zu und sagte: „Ich will Feindschaft setzen zwischen dir und der Frau, zwischen deinem Samen und ihrem Samen: Er wird dir den Kopf zertreten, und du wirst ihn in die Ferse stechen" (1. Mose 3, 15). Dies war das sogenannte *Protevangelium,* das erste Evangelium, das jemals gepredigt wurde. Die Schreiber des Neuen Testamentes haben diese Worte durch Christi Tod als erfüllt angesehen, denn am Kreuz zertrat Christus den Kopf Satans, obwohl er dabei selbst Schmerzen erleiden musste, sogar den Todesschmerz. Aber er wurde durch die Kraft Gottes aus dem Grab auferweckt und errang den absoluten Sieg. „Als er so die Herrschaften und Gewalten entwaffnet hatte, stellte er sie öffentlich an den Pranger und triumphierte über sie an demselben" (Kol 2, 15).

Die Tatsache, dass es einen Kampf zwischen Christus und Satan gegeben hat, heißt aber noch lange nicht, dass das Lösegeld, von dem Christus sprach, an Satan gezahlt wurde. Überlegen wir einmal: Wenn Christus ein Lösegeld an Satan gezahlt hätte, um uns seinen Klauen zu entreißen, wer ist dann der Sieger? Der Entführer ist normalerweise nicht am dauerhaften Besitz seines Opfers interessiert. Er möchte vielmehr das Lösegeld im Austausch für die Freilassung seiner Geisel einstecken. Wenn er das Lösegeld bekommt, dann hat er gewonnen. Wenn das Lösegeld also an Satan gezahlt wurde, dann hat sich Satan die ganze Zeit ins Fäustchen gelacht und es gibt keinen *Christus Victor,* vielmehr müsste es *Satanus Victor* heißen.

Ich bevorzuge die andere Variante der Lösegeldtheorie, die besagt, dass das Lösegeld nicht an Satan, sondern an Gott gezahlt wurde, denn Gott war derjenige, dem Genugtuung geleistet werden musste. Wenn die Bibel von Lösegeld spricht, dann wird dieses Lösegeld nicht an einen Kriminellen bezahlt, sondern an den einen, dem es als Preis für die Erlösung zusteht, weil er in diesem ganzen Drama der Sünde die geschädigte Partei ist – der Vater. Jesus verhandelte nicht mit Satan um unser Heil. Stattdessen stellte er sich zur Verfügung, für uns beim Vater das Lösegeld zu bezahlen. Indem er sich so opferte, erwirkte er die Erlösung seines Volkes und befreite es aus der Gefangenschaft.

Das Motiv des Lösegeldes und der Erlösung wird oft übersehen, ist aber tief in der Heiligen Schrift verwurzelt. Schauen wir uns einmal ein paar andere, teils recht obskure Passagen in der Bibel an, die uns vielleicht seltsam vorkommen, die uns aber helfen, dieses Konzept besser zu verstehen. Die erste dieser Stellen findet sich in 2. Mose 21, 1–6. Gott befiehlt Mose, das Volk Israel wie folgt zu unterweisen:

> Und das sind die Rechtsbestimmungen, die du ihnen vorlegen sollst: Wenn du einen heb-

räischen Sklaven kaufst, soll er sechs Jahre lang dienen, und im siebten soll er unentgeltlich freigelassen werden. Ist er allein gekommen, so soll er auch allein entlassen werden; ist er aber verheiratet gekommen, so soll seine Frau mit ihm gehen. Hat ihm aber sein Herr eine Frau gegeben, und diese hat ihm Söhne oder Töchter geboren, so soll die Frau samt ihren Kindern seinem Herrn gehören; er aber soll allein entlassen werden. Wenn aber der Sklave erklärt: Ich liebe meinen Herrn, meine Frau und meine Kinder, ich will nicht freigelassen werden!, so soll ihn sein Herr vor Gott bringen und ihn an die Tür oder den Pfosten stellen, und er soll ihm seine Ohren mit einem Pfriem durchbohren, damit er ihm diene für alle Zeiten.

Was sagt die Bibel an dieser Stelle? Unstrittig ist, dass diese Textpassage unserer westlichen Kultur des einundzwanzigsten Jahrhunderts zweifellos befremdlich erscheint. Einige von uns mögen diese Worte anstößig finden, denn sie stellen biblische Gesetzgebung in Bezug auf Sklaven auf, und wir dachten, die Bibel befürworte Befreiung aus der Sklaverei. Nun, dies ist eine andere Art der Sklaverei, als die mit der wir vertraut sind, Sklaverei, die sich der Menschen völlig willkürlich bemächtigt, sie von ihren Ehemännern, Ehefrauen und Kindern trennt und in Eisen und Ketten legt. Darum geht es in dieser Stelle aus dem 2. Buch Mose nicht. Die hier erwähnte Sklaverei ist eher eine Art Schuldknechtschaft.

Betrachten wir den historischen Hintergrund dieser Art von Sklaverei. Grundsätzlich war es den Juden nicht erlaubt, andere Juden zu versklaven, wie es mit denen geschah, die während einer kriegerischen Auseinandersetzung in Gefangenschaft gerieten. Es gab in Israel jedoch Vorkehrungen für Schuldknechtschaften. Diese Anweisungen basierten auf dem damaligen Wirtschaftssystem. Wenn jemand Schulden machte, die er nicht zurückzahlen konnte, wurde er nicht ins Gefängnis geworfen. Vielmehr verlieh er sich mehr oder weniger an die Person, der er das Geld schuldete, und wurde deren

Diener, um so die Schuld durch seine „Leiharbeit“ zu begleichen. Wenn er einen großen Betrag schuldete, brauchte er vielleicht mehrere Jahre, um ihn abzutragen. Die Gesetze in Israel schrieben jedoch vor, dass die Schuldknechte in jedem Sabbatjahr entlassen werden mussten, egal ob ihre Schuld vollständig abbezahlt war oder nicht (5. Mose 15, 2). Dasselbe geschah alle siebenmal sieben Jahre im Jubeljahr (2. Mose 23, 8–24). Um ein solches Erlassjahr geht es hier im 2. Buch Mose, Kapitel 21.

Das Interessante an diesem Text sind nicht so sehr die Grundsätze der Schuldknechtschaft, sondern die Informationen zu den Knechten mit Ehefrauen. Dieser Teil des Textes erscheint besonders hart. Im Vers 3 steht: „Ist er allein gekommen, so soll er auch allein entlassen werden.“ Das heißt, nachdem der Knecht seine Schuld abgearbeitet hat, ist er frei und darf gehen. Dann sagt der Vers: „Ist er allein gekommen, so soll er auch allein entlassen werden; ist er aber verheiratet gekommen, so soll seine Frau mit ihm gehen.“ Das leuchtet uns ein. Dann aber geht es weiter und in Vers 4 lesen wir: „Hat ihm aber sein Herr eine Frau gegeben, und diese hat ihm Söhne oder Töchter geboren, so soll die Frau samt ihren Kindern seinem Herrn gehören; er aber soll allein entlassen werden." Das erscheint uns als grausame und ungerechte Behandlung. Der Grundgedanke ist, dass ein alleinstehender Mann bei jemandem Schulden hat, die er nicht bezahlen kann, und so wird er ein Schuldknecht seines Gläubigers. Wenn der Mann seine ganze Schuld abgearbeitet hat, darf er die Schuldknechtschaft verlassen. Hat aber sein Herr ihm eine Frau gegeben und es sind Kinder daraus hervorgegangen, dann dürfen die Frau und die Kinder nicht mit ihm weggehen. Sie dürfen nicht gehen, weil der Ehemann und Vater nach hebräischer Auffassung nicht für sie bezahlt hat.

Im antiken Israel hatte ein Mann dem Vater einer jungen Frau, um deren Hand er anhalten wollte, eine Mitgift oder einen Brautpreis zu zahlen. Natürlich wäre ein Mann, der Schulden hat, nicht in der Lage, den Brautpreis zu bezahlen. Ebenso würde ein Knecht, der seine Schulden abarbeitet, diese nur noch vergrößern, wenn sein Herr ihm gnädigerweise und freiwillig seine eigene Tochter oder eine seiner weiblichen Dienerinnen zur Frau gäbe. Darum hatte der Mann, wenn er das Ende seiner Schuldknechtschaft erreichte und mit seiner Frau und seinen Kindern zusammenbleiben wollte, nur zwei Möglichkeiten. Erstens, er konnte allein gehen und seinen Lebensunterhalt verdienen und dann zu seinem früheren Herrn zurückkommen und den Brautpreis bezahlen. Zu diesem Zeitpunkt würde er seine Frau und seine Kinder bekommen. Oder zweitens, wenn er keine Möglichkeit hatte, seinen Lebensunterhalt zu verdienen, er aber dennoch bei seiner Frau und seinen Kindern bleiben wollte, dann konnte er seine Schuldknechtschaft verlängern, nicht um die ursprüngliche Schuld zu bezahlen, sondern um seinem Herrn den Brautpreis zu bezahlen.

Es gab noch einen weiteren ähnlichen Brauch in Israel, den des sogenannten *Goel.* Der Goel war ein Verwandter, dem es zustand, die Schulden eines anderen Verwandten zu begleichen, einschließlich der Mitgift. Diesen Brauch finden wir in einem anderen relativ unbekannten Text des Alten Testamentes, 3. Mose 25,23–27a:

> Ihr sollt das Land nicht für immer verkaufen; denn das Land gehört mir, und ihr seid Fremdlinge und Gäste bei mir. Und ihr sollt in dem ganzen Land, das euch gehört, die Wiedereinlösung des Landes zulassen. Wenn dein Bruder verarmt und dir etwas von seinem Eigentum verkauft, so soll derjenige als Löser für ihn eintreten, der sein nächster Verwandter ist; er soll auslösen, was sein Bruder verkauft hat. Und wenn jemand keinen Löser hat, aber mit seiner Hand so viel erwerben kann, wie zur Wiedereinlösung nötig ist, so soll er die Jahre, die seit dem Verkauf verflossen sind, abrechnen und für den Rest den Käufer entschädigen, damit er selbst wieder zu seinem Eigentum kommt.

Was heißt das? Im antiken Israel war es Brauch, dass eine Familie sich der Schulden ihrer Mitglieder annahm. Es war nicht die Aufgabe des Staates, jemandem aus der Klemme zu helfen. Wenn ein Familienmitglied verarmte und einen Teil seines

Besitzes verkaufen musste, dann konnte ein Verwandter eintreten und die Summe bezahlen, die geschuldet wurde, um so das Land zurückzukaufen.

Es gibt ein alttestamentliches Buch, das sich praktisch ganz um eine Auslösung durch einen Goel dreht. Es ist dies das Buch Ruth, das eine besondere Bedeutung für mich hat. Auf der Innenseite meines Eherings steht eingraviert: „Dein Volk, mein Volk", und der Ehering meiner Frau trägt die Inschrift: „Dein Gott, mein Gott." Diese Worte sind dem Buch Ruth entnommen, und zwar der Stelle, wo die junge Moabiterin Ruth gelobt, ihrer israelitischen Schwiegermutter Naomi zu folgen. Sie sagt: „Denn wo du hingehst, da will ich auch hingehen, und wo du bleibst, da will ich auch bleiben; dein Volk ist mein Volk, und dein Gott ist mein Gott!" (Rut 1,16b). Ruth zieht mit Naomi nach Israel und in der weiteren Geschichte begegnen wir Boas, der sich als Goel für Ruth und Naomi einsetzt.

Diese Begriffe und Bräuche werden durch die gesamte Schrift hindurch auf das Werk des Messias in seiner Sühnung angewandt. Durch das Lösegeld, das Christus bezahlt, wird er zum Goel für sein Volk. Als unser älterer Bruder nimmt er die Schulden auf sich, die wir bei Gott angehäuft haben. Er löst uns aus der Schuldknechtschaft aus, indem er den Preis für unsere Freiheit bezahlt und uns damit unseren Erbteil am Königreich des Vaters zurückgibt.

Viel wichtiger ist die Bildersprache, die im Neuen Testament in Bezug auf Christus und seine Gemeinde so zahlreich auftaucht. Die Hauptmetapher, die das Neue Testament für die Gemeinde gebraucht, ist die der Braut Jesu Christi. Dieses Bild ist ganz klar mit Christi Sühne verknüpft, denn durch sie bezahlte er ein Lösegeld, einen Brautpreis, um seine Braut zu erwerben. In diesem Bild sehen wir erneut, wie der Sohn Gottes uns erwirbt, um unsere Erlösung sicherzustellen.

Der Gedanke des Lösegeldes zieht sich also wie ein roter Faden durch die ganze Schrift hindurch. Wie wir im vorherigen Kapitel so klar sehen konnten, war es von Anbeginn Gottes gnädige Absicht, uns einen Erlöser zur Verfügung zu stellen, der den Preis bezahlen würde, um uns aus der Gefangenschaft zu entlassen.

Gegen Ende des 20. Jahrhunderts entwickelte sich die Geiselnahme zu einem Mittel, mit dem kleine Gruppen von Fanatikern seither versuchen, Weltmächte wie die Vereinigten Staaten zu beeinflussen. In so einem Fall entsteht immer ein moralisches Dilemma. Wenn ein Lösegeld an die Geiselnehmer gezahlt wird, so werden Verbrecher dazu ermutigt, diese abscheuliche Strategie weiterzuverfolgen. Aus diesem Grund vertritt die US-Regierung den Grundsatz, Geiselnehmern niemals Lösegeld zu bezahlen, sondern die Freilassung der Geiseln mit anderen Mitteln und Wegen zu erreichen.

Gott hat die Zahlung eines Lösegeldes zur Rettung seines Volkes vor der sicheren Zerstörung niemals ausgeschlossen. Christus kam und bezahlte das Lösegeld, um die Freilassung seines Volkes sicherzustellen, das durch die Sünde gefangen gehalten wurde. Christus gab dieses Lösegeld freiwillig, damit er uns aus der Gefangenschaft erlösen und uns als seine geliebte Braut zu sich holen konnte.

Fünf

DER RETTENDE STELLVERTRETER

Im Frühling des Jahres 1995 war ich Zuschauer beim entscheidenden siebten Spiel der NBA-Eastern-Conference-Meisterschaften. Die Orlando Magics spielten gegen die Indiana Pacers. Beide Mannschaften hatten in den Play-offs je drei Siege errungen. Der Gewinner dieses Abends würde also ins NBA-Finale kommen. Wir trafen sehr früh ein, sodass wir noch ein ganzes Stück Zeit hatten bis zum Abschlag, aber der Lärm aus der Arena drang bis in die Eingangshalle. Die Orlando-Fans johlten und schrien, tröteten und sangen bereits eine Stunde vor

Spielbeginn. Als das Spiel in Gang kam, machten sie genauso weiter. Ich hatte noch nie in meinem Leben an einer Sportveranstaltung teilgenommen, wo die Fans mehr Krach machten als bei diesem Spiel.

Als ich an diesem Abend so das Verhalten der Menschen in der Arena beobachtete, fragte ich mich, was uns Menschen wohl dazu bewegt, für etwas wie ein Basketballspiel so frenetisch und so leidenschaftlich zu sein. Denn wen wird es in der Ewigkeit noch interessieren, wer ein Spiel gewonnen oder verloren hat? Aber als ich mich an die eigene Nase fasste, musste ich mir eingestehen: „Ich bin auch hier und mir bedeutet es etwas, und ich schreie genauso laut wie alle anderen in der Arena."

Es ist völlig normal, dass wir uns mitreißen lassen, unsere Lieblingsmannschaft anzufeuern. Wir spielen zwar nicht mit; wir gehen vielleicht auch nicht zum Spiel. Wir sehen es uns vielleicht noch nicht einmal im Fernsehen an oder schalten das Radio an. Und trotzdem, wenn uns das Endergebnis gefällt, sagen wir alle gerne: „*Wir* haben gewonnen." Wir identifizieren uns so sehr mit unserer Lieblingsmannschaft, dass wir uns selbst als Sieger fühlen, wenn sie gewinnt. Wenn unsere Mannschaft aber verliert, dann ändern sich natürlich auch die Worte und wir sagen: „Sie haben verloren." Die Last und die Schmach der Niederlage lassen wir die Spieler tragen, aber an der Ehre des Sieges wollen wir teilhaben.

Warum tun wir das? Nun, Sportfans sind begeisterte Anhänger ihres Klubs und identifizieren sich in hohem Maße mit ihrem Klub. Im weiteren Sinne haben wir das Gefühl, dass unsere Teams unsere Städte, unsere Schulen und letztlich auch uns selbst repräsentieren. Womöglich kennen wir die Spieler nicht persönlich, aber wir haben den Eindruck, dass sie an unserer Stelle spielen, und darum freuen wir uns über ihre Siege und leiden unter ihren Niederlagen. So etwas könnte man als eine Art stellvertretende Spielerfahrung bezeichnen.

Das Wort *stellvertretend* ist äußerst wichtig für unser Verständnis der Sühne Christi. Und in diesem Zusammenhang ist ein Wort extrem wichtig, das Wort: *hyper.* Der Schweizer Theologe Karl Barth hat einmal gesagt, dass dieses klitzekleine Wörtchen nach seiner Auffassung das wichtigste Wort im gesamten griechischen Neuen Testament ist. Dieses kleine Wort wird durch die deutschen Ausdrücke „anstelle von, zugunsten von, anstatt“ übersetzt. Diese Feststellung Barths ist zweifelsohne ein bisschen übertrieben, denn viele Worte im Neuen Testament sind zumindest ebenso wichtig, wenn nicht gar wichtiger als *hyper*, aber er versuchte lediglich auf die Wichtigkeit dessen aufmerksam zu machen, was in der Theologie als der stellvertretende Aspekt des Werkes Christi bekannt ist.

Wir haben bereits gesehen, dass die Sühnung, die Jesus leistet, als ein Werk der Genugtuung beschrieben wird. Das heißt, er leistete Genugtuung für unsere Schuld, unsere Feindschaft gegen Gott und unser Verbrechen. Er kam der Lösegeldforderung nach und hat unsere Freilassung aus der Gefangenschaft der Sünde bewirkt. Aber es gibt noch ein anderes wichtiges Wort, das oft verwendet wird, die Sühnung zu beschreiben: *Substitution* (Ersetzung). Als wir die biblische Beschreibung von Sünde als Verbrechen betrachteten, haben wir gesehen, dass Jesus als unser Stellvertreter handelt und unseren Platz auf der Anklagebank im Gericht Gottes einnimmt. Aus diesem Grund sprechen wir manchmal von Jesu Tat am Kreuz als ein stellvertretendes Sühnopfer. Das bedeutet: Als Christus Sühnung erwirkte, erwirkte er sie nicht für seine eigenen Sünden, sondern für die Sünden anderer. Er trat in die Rolle des Stellvertreters, der sein Volk repräsentierte. Er gab sein Leben nicht für sich selbst; er gab es für seine Schafe. Er ist unser ultimativer Stellvertreter.

Seit Jesus Christus in die Welt gekommen und Mensch geworden war, wusste er, dass er der Stellvertreter sein würde, der für andere sühnt, um die Forderungen des Gesetzes Gottes zu erfüllen. Er kam vom Himmel als Geschenk des Vaters zum ausdrücklichen Zweck, uns als unser Stellvertreter zu erlösen, für uns zu tun, was wir niemals für uns selbst tun könnten. Wir sehen dies gleich am Anfang von Jesu Dienst, als er sein öffentliches Wirken damit begann, dass er an den Jordan ging und dort Johannes den Täufer traf.

Man stelle sich die Szene am Jordan an jenem Tag einmal vor. Johannes war damit beschäftigt, Menschen als Vorbereitung auf das kommende Königreich zu taufen. Plötzlich schaute er auf und sah Jesus näher kommen. Dann sprach er die Worte, die später den Text für einen der großartigsten Kirchenchoräle liefern sollten, das *Agnus Dei:* „Siehe, das Lamm Gottes, welches die Sünde der Welt hinwegnimmt!" (Joh 1,29b). Er gab bekannt, dass Jesus derjenige ist, der gekommen war, die Sünden seines Volkes auf sich zu nehmen. In seiner Person würde sich erfüllen, was das Alte Testament durch den Opferritus symbolisierte, bei dem ein Lamm geschlachtet und als ein Opfer vor Gott auf dem Altar verbrannt wurde, um die Sühnung für die Sünden zu repräsentieren. Das Lamm war ein Stellvertreter. Indem er also Jesus das „Lamm Gottes" nannte, stellte er fest, dass Jesus ebenfalls ein Stellvertreter ist, aber der, der das wahre Sühnopfer darbringen würde.

Jesus kam zu Johannes und wollte sich taufen lassen – zum großen Entsetzen von Johannes. Die Schrift berichtet uns von seiner Reaktion auf diese Bitte. „Johannes aber wehrte ihm und sprach: Ich habe es nötig, von dir getauft zu werden, und du kommst zu mir?" (Mt 3,14). Diese Worte verbergen die tiefe Verwirrung, die Johannes empfunden haben musste. Eben noch hatte er verkündet, Jesus sei das Lamm Gottes, und um das perfekte Opfer zur Sühne der Sünden seines Volkes zu sein, musste das Lamm Gottes makellos sein. Er musste vollkommen sündenlos sein. Aber das Ritual der Taufe, zu dem Johannes ganz Israel aufrief, um sich auf das Kommen des Messias vorzubereiten, war ein Ritual, das die Reinigung von der Sünde symbolisierte. Im Grunde genommen sagte Johannes: „Es wäre absurd, wenn ich dich taufe, denn du bist das sündlose Lamm Gottes." Johannes hat eine Alternative anzubieten: Jesus sollte ihn taufen. Auf diese Weise brachte Johannes zum Ausdruck, dass er selbst ein Sünder war, der Reinigung brauchte.

Jesus setzte sich über die Bedenken des Johannes hinweg. „Jesus aber antwortete und sprach zu ihm: Lass es jetzt so geschehen; denn so gebührt es uns, alle Gerechtigkeit zu erfüllen!" (Mt 3,15a). Seine Wortwahl hier ist interessant. Zuerst sagte er: „Lass es jetzt so geschehen." Die Tatsache, dass Jesus seine Aufforderung an Johannes mit diesen Worten zum

Ausdruck brachte, zeigt, dass er verstand, dass eine gewisse theologische Schwierigkeit beinhaltet war. Es war, als würde Jesus sagen, „Johannes, ich weiß, du verstehst nicht, was hier geschieht, aber du kannst mir vertrauen. Mach einfach, was ich dir sage, und taufe mich."

Aber Jesus geht noch weiter und erklärt, warum Johannes ihn taufen soll. „Denn so gebührt es uns, alle Gerechtigkeit zu erfüllen." Das Wort *gebührt* kann an dieser Stelle auch als „nötig" übersetzt werden. Was Jesus sagte, ist, dass es nötig sei, dass er getauft werde. Warum war es nötig? Johannes der Täufer war ein Prophet Gottes. Jesus sagte später: „Unter denen, die von Frauen geboren sind, gibt es keinen größeren Propheten als Johannes der Täufer" (Lk 7,28a). Durch diesen Propheten hatte Gott seinem Bundesvolk ein neues Gebot gegeben – sie sollten getauft werden. Wir sollten niemals meinen, Gott hätte nach der Formulierung der Zehn Gebote aufgehört, seinem Volk seinen Willen kundzutun. Eine Vielzahl von Gesetzen wurde den Zehn Geboten später noch hinzugefügt. Das Gebot an sein Volk, sich diesem Reinigungsritus zu unterziehen, um sich für den Durchbruch des göttlichen Reiches vorzubereiten, war lediglich Gottes aktuellstes Edikt.

Bevor er ans Kreuz gehen, seine Aufgabe als Lamm Gottes erfüllen und sich selbst als Gabe zur Genugtuung der durch Gottes Gesetz gestellten Forderungen hingeben konnte, musste sich Jesus selbst jedem einzelnen Gesetz, das Gott seinem Volk gegeben hatte, bis ins kleinste Detail unterordnen. Er musste sein Volk vor dem Richterstuhl Gottes in allen Aspekten repräsentieren. Da es nun vom Gesetz gefordert war, dass alles Volk sich taufen lasse, musste auch Jesus getauft werden. Wollte er sündenlos sein, dann hatte er jedes einzelne Gebot Gottes zu erfüllen. Er bat Johannes nicht um die Taufe, weil er der Reinigung bedurfte. Er wollte die Taufe, um bis ins kleinste Detail seinem Vater Gehorsam zu leisten.

Genau das wollte Jesus Johannes hier klarmachen, weil seine Mission darin bestand, der Stellvertreter, das stellvertretende Opfer zu sein, das Gott dargebracht werden sollte. Jesus wusste dies und nahm es bereitwillig an. Vom Beginn seines Wirkens an wusste er, dass er gekommen war, um als ein Stellvertreter für seine Schafe einzutreten. Im Zentrum seiner Lehre stand die Feststellung, dass er dies nicht für sich selbst tat, sondern für uns, um uns zu erlösen, freizukaufen, zu retten.

Wenn wir vom stellvertretenden Aspekt des Sühnopfers Christi sprechen, dann tauchen immer wieder zwei technische Begriffe auf: expiatio (Expiation, Sühnung, Büßung) und propitiatio (Besänftigung, Sühnung). An diesen beiden Worten entfachen sich immer wieder alle möglichen Diskussionen darüber, welcher dieser beiden Begriffe zur Übersetzung eines bestimmten griechischen Wortes herangezogen werden sollte, und einige Bibelübersetzungen verwenden das eine und andere das andere Wort. Ich werde regelmäßig gebeten, den Unterschied zwischen diesen beiden Begriffen zu erklären. Die Schwierigkeit besteht darin, dass diese beiden Worte zwar in der Bibel vorkommen, sie aber nicht Teil unseres täglichen Sprachgebrauchs sind, und wir darum nicht ganz sicher sind, was genau sie in der Heiligen Schrift kommunizieren wollen. Uns fehlen die konkreten

Bezugspunkte für diese Worte. Beide Begriffe werden vorherrschend mit Sühnung oder Sühne übersetzt.

Untersuchen wir daher erst einmal, was diese Worte bedeuten, und beginnen mit dem ersten Wort: *expiatio.* Die Vorsilbe *ex-* bedeutet: „aus" oder „hinaus", sodass der Begriff etwas damit zu tun hat, dass etwas weggeräumt oder weggenommen wird. Im biblischen Sprachgebrauch hat dieser Begriff etwas damit zu tun, dass Schuld weggeräumt wurde, weil die Schuld bezahlt oder eine Wiedergutmachung geleistet wurde. Im Gegensatz dazu hat „propitiatio" mit dem Gegenstand von „expiatio" zu tun. Die Vorsilbe *pro-* bedeutet: „für", sodass „propitiatio" den Aspekt des Sühnopfers Christi betont, der einen Wandel in Gottes Einstellung bewirkt, sodass er nicht mehr gegen uns ist, sondern für uns. Daher wird dieser Begriff auch öfters mit „Versöhnung" übersetzt. Das Kreuz ist der Sühneort, an dem Sühne erwirkt wurde, sodass wir wieder in die Gemeinschaft mit Gott aufgenommen werden und sein Wohlwollen erfahren.

In gewisser Weise hat „propitiatio" etwas damit zu tun, dass Gott besänftigt oder beschwichtigt wird.

Wir kennen das Wort „Beschwichtigungspolitik" aus der Welt der militärischen und politischen Konflikte, jene Strategie, nach der man einem lärmenden, säbelrasselnden Welteroberer lieber das Sudetenland der ehemaligen Tschechoslowakei oder ein ähnliches Stück Land überlässt, als einen Blitzkrieg zu riskieren. Man versucht seinen Zorn zu besänftigen, indem man ihm etwas gibt, das ihn zufriedenstellt, damit er nicht ins eigene Land einfällt und alles niedermacht. Das ist eine gottlose Form der Besänftigung oder Beschwichtigung. Ist aber jemand zu Recht zornig auf mich, weil ich ihm Schaden zugefügt habe, und ich besänftige seinen Zorn, so habe ich sein Wohlwollen zurückgewonnen und das Problem ist aus der Welt geschafft.

Ein und dasselbe griechische Wort wird von Zeit zu Zeit durch eines der beiden Worte, *expiatio* oder *propitiatio,* übersetzt. Aber es gibt eben diesen kleinen Unterschied zwischen diesen beiden Begriffen. „Expiatio" bringt das zum Ausdruck, was zu einem Wandel von Gottes Gesinnung uns gegenüber führt. Es ist das, was Christus am Kreuz vollbrachte. Weil er dort am Kreuz Sühnung erwirkt hat, wird Gottes

Zorn abgewandt und ist Versöhnung möglich. In ähnlicher Weise wird auch unterschieden zwischen dem Lösegeld, das bezahlt wird, und der Haltung dessen, der das Lösegeld erhält.

Zusammen bilden beide Aspekte einen Akt der Beschwichtigung. Christus starb am Kreuz, um Gottes Zorn zu beschwichtigen. Der Gedanke, dass am Kreuz Gottes Zorn beschwichtigt wurde, hat nur wenig dazu beigetragen, den Zorn moderner Theologen zu beschwichtigen. Tatsächlich können sich viele bei dem Gedanken, dass Gottes Zorn beschwichtigt werden musste, leicht erzürnen. Sie meinen, es läge unter seiner göttlichen Würde, beschwichtigt werden zu *müssen,* oder dass wir etwas tun müssten, um ihn zu beruhigen oder zu besänftigen. Wir müssen sehr vorsichtig sein, wie wir den Zorn Gottes verstehen. Aber ich möchte Sie daran erinnern, dass die Beschwichtigung des Zornes Gottes in der Theologie kein äußerlicher, nebensächlicher Sachverhalt ist, sondern ans Wesen des Heils geht.

Lassen Sie mich eine sehr grundlegende Frage stellen: Was bedeutet der Begriff *Rettung?* Wir haben uns mit Worten wie *Sühnopfer, Erlösung, Stellvertretung, Sühne, Sühnung* und *Versöhnung* befasst. Aber was bedeutet *Heil* oder *Rettung* in der Bibel? Eine schnelle Antwort zu geben, würde nur Kopfschmerzen bereiten, denn das Wort Rettung wird in der Bibel auf etwa siebzig verschiedene Weisen benutzt. Wenn jemand in einer Schlacht vor einer sicheren Niederlage bewahrt wird, so widerfährt ihm Rettung. Wenn jemand eine lebensbedrohliche Krankheit überlebt, dann erfährt diese Person Rettung. Wenn jemand erlebt, wie sein verdorrter Acker wieder zu blühendem Leben erwächst, ist die Ernte gerettet. Das ist die Sprache der Bibel, und sie unterscheidet sich kaum von unserem eigenen Sprachgebrauch. Wir sprechen davon, dass der Gong einen Boxer vor dem sicheren Knock-out gerettet hat, nicht davon, dass er vor der ewigen Verdammnis gerettet wurde. Kurz gesagt: Jede Hilfe aus einer akuten und unmittelbaren Gefahr kann als Rettung bezeichnet werden.

Wenn wir im biblischen Sinne von Rettung sprechen, dann müssen wir genau sagen, wovon wir letztlich gerettet werden. Der Apostel Paulus tut genau das für uns – und zwar in 1. Thessalonicher 1,10. Dort sagt er, dass Jesus der ist, „der uns errettet vor dem zukünftigen Zorn". Letztlich starb Jesus, um uns vor dem Zorn Gottes zu erretten. Ohne das zu verstehen, werden wir das, was Jesus von Nazareth lehrte und predigte, einfach nicht verstehen, denn er warnte die Menschen ständig, dass das göttliche Gericht eines Tages über die ganze Welt kommen würde. Hier nur einige seiner Warnungen vor dem Gericht: „Ich aber sage euch: Jeder, der seinem Bruder ohne Ursache zürnt, wird dem Gericht verfallen sein" (Mt 5,22). „Ich sage euch aber, dass die Menschen am Tage des Gerichts Rechenschaft geben müssen von jedem unnützen Wort, das sie geredet haben" (Mt 12,36). „Die Männer von Ninive werden im Gericht auftreten gegen dieses Geschlecht und werden es verurteilen, denn sie taten Buße auf die Verkündigung des Jona hin; und siehe, hier ist einer, der größer ist als Jona!" (Mt 12,41). Jesu Theologie war eine Theologie der Krise. Das griechische Wort *krísis* bedeutete ursprünglich „Beurteilung" oder „Entscheidung". Und die *krísis,* von der Jesus predigte, war die

Krise der großen Entscheidung, des bevorstehenden Gerichts über diese Welt, der Zeitpunkt, zu dem Gott seinen Zorn über die Unerlösten, die Gottlosen und die Unbußfertigen ausgießt. Die einzige Hoffnung, sich vor dem kommenden Zorn Gottes zu retten, ist, durch Christi Sühnopfer beschützt zu sein.

Darum ist die allergrößte Errungenschaft Christi am Kreuz, dass er den Zorn Gottes besänftigt hat, der gegen uns entbrennen würde, wenn wir nicht unter dem Opfer Christi stünden. Wenn also jemand Schwierigkeiten mit dem Gedanken der Beschwichtigung hat oder mit der Tatsache, dass Christus den Zorn Gottes besänftigt hat, müssen wir auf der Hut sein, denn dann steht das Evangelium auf dem Spiel. Hier geht um die Quintessenz unserer Rettung, denn allein die Menschen, die durch Christus, unserem Sühnopfer, vertreten werden, können vor dieser allerhöchsten Gefahr, in der sich jeder Mensch befindet, gerettet werden. Es ist schrecklich, in die Hände eines heiligen und zornigen Gottes zu fallen. Aber die, deren Sünden bezahlt sind, werden bewahrt vor dem Zorn Gottes. Darum geht es in der Rettung.

Während meines Theologiestudiums musste einer meiner Kommilitonen im Rahmen unseres Homiletik-Kurses eine Predigt halten. Die Zuhörerschaft bestand aus den anderen Kursteilnehmern. Am Ende der Predigt hat der Professor dann vor dem ganzen Kurs eine Zusammenfassung der Stärken und Schwächen des Vortrages gegeben, einschließlich des Inhalts. Mein Kommilitone hielt eine bewegende Predigt über das Kreuz. Aber dieser Professor verachtete genau die traditionellen Lehren, die ich versucht habe, Ihnen zu vermitteln, und hegte einen erbitterten Hass gegen eine konservative Theologie. Am Schluss der Predigt war er aggressiv, wenn nicht gar feindselig, und noch während der Student auf der Kanzel stand, sagte der Professor provozierend: „Wie können sie in der heutigen Zeit noch von der stellvertretenden Sühne predigen!“ Ich traute meinen Ohren nicht. Ich wollte erwidern: „Warum sollte in unserer heutigen Zeit der stellvertretende Sühnetod Christi plötzlich überholt sein?“

Ich tat es nicht, und ich schäme mich, dass ich es nicht getan habe. Vielleicht verstehe ich heute ein wenig besser, dass das Werk Christi am Kreuz das Zentrum des Evangeliums ist. Ein Stellvertreter, von Gott selbst bestimmt, ist in Raum und Zeit erschienen, um die Schwere und Last unserer Vergehen zu tragen, unsere Schuld auf sich zu nehmen, Sühnung zu erwirken und den Zorn Gottes zu besänftigen. Das ist das Evangelium. Nimmt man den stellvertretenden Charakter des Sühnopfers Christi weg, entleert man das Kreuz und das Leiden unseres Herrn all seiner Bedeutung. Wer das tut, zerstört den christlichen Glauben selbst.

Sechs

EIN MENSCH WIE WIR – DOCH OHNE SÜNDE

Wenn Sie heute einen Jungen oder ein Mädchen in einer typischen amerikanischen, evangelikalen Gemeinde fragen würden, was Jesus denn für ihn bzw. sie getan hat, was denken Sie, würden Sie für eine Antwort bekommen? Ich kann Ihnen nahezu garantieren, dass die Antwort lauten wird: „Jesus ist für meine Sünden gestorben." Ich wäre noch nicht einmal überrascht, wenn ich diese Antwort auch von der Mehrheit der Erwachsenen bekäme. Es ist natürlich eine wahre und gute Antwort. Es ist jedoch keine vollständige Antwort.

Wir haben gesehen, dass die Gerechtigkeit Gottes und die Sündhaftigkeit der Menschen zusammen genommen ein Sühnopfer absolut notwendig machen. Wir haben ebenfalls gesehen, dass Jesus Christus, der Sohn Gottes, die zweite Person der Trinität, der ist, der Wiedergutmachung leistete für unsere Schuld, unsere Feindschaft mit Gott und unseren kriminellen Bruch des göttlichen Gesetzes. Wir haben gelernt, dass das Kreuz auf herrliche Weise verwirklicht, was Gott in seiner Gnade zur Rettung der Welt ersonnen hatte, indem der Vater seinen Sohn beauftragte, Wiedergutmachung zu leisten, sodass Sünder gerettet werden können, ohne dass die Gerechtigkeit Gottes auf der Strecke bleiben muss. Wir haben zudem entdeckt, dass die Bibel Jesus als den Erlöser präsentiert, der uns aus unserer Gefangenschaft befreit, indem er ein Lösegeld für uns bezahlt.

Aber warum musste es Jesus sein? Und wenn seine Mission nur darin bestand, um unseretwillen am Kreuz zu sterben, warum kam er dann nicht im Alter von dreißig Jahren vom Himmel und ging direkt ans Kreuz? Dies sind Fragen, die auch Anselm von

Canterbury in seinem kleinen Buch *Cur Deus Homo? (Warum ein Gott-Mensch?)* beschäftigten. Er fragte sich, warum Gott der Sohn Menschengestalt annehmen musste, in diese Welt geboren wurde und dann erst dreiunddreißig Jahre leben musste, bevor er sein Leben als Sühne für das Volk Gottes am Kreuz hingab. Um diese Frage zu beantworten, müssen wir uns die Notwendigkeit eines Sühnopfers und die Anforderungen an ein Sühnopfer etwas näher betrachten.

Kehren wir erst einmal zum Wesentlichen zurück und erinnern wir uns noch einmal daran, dass die Notwendigkeit eines Sühnopfers mit dem Problem der menschlichen Sünde und dem Wesen Gottes zusammenhängt – seiner Heiligkeit und seiner Gerechtigkeit. Mit anderen Worten, der Mensch ist ungerecht und Gott ist gerecht. Wie können diese beiden Parteien unter diesen Umständen jemals miteinander in Beziehung treten?

Stellen Sie sich einmal einen Kreis vor, der das Wesen der Menschheit repräsentiert. Nun stellen Sie sich vor, dass jedes Mal, wenn jemand sündigt, ein Fleck, so etwas wie ein moralischer Makel in dem

Kreis erscheint und das Wesen des Menschen befleckt. Wenn weitere Sünden begangen werden, erscheinen noch mehr Flecken in dem Kreis. Wenn sich nun die Sünden weiter multiplizieren, so wird bald der ganze Kreis mit Punkten und Flecken gefüllt sein. Aber ist es schon so weit gekommen? Die menschliche Natur ist ganz eindeutig durch die Sünde verdorben, aber es gibt eine Auseinandersetzung bezüglich des Ausmaßes dieser Verderbtheit. Die römisch-katholische Kirche vertritt die Position, dass die menschliche Natur nicht vollständig verdorben ist, sondern noch eine kleine Insel der Gerechtigkeit in ihr vorhanden ist. Die protestantischen Reformatoren des 16. Jahrhunderts aber bestanden darauf, dass die Beflecktheit und Verderbtheit durch die Sünde den gefallenen Menschen völlig durchdringt und wir deshalb vollkommen verdorben sind.

Was die Reformatoren hervorheben wollten, ist oft missverstanden worden. Der Begriff, der in der klassischen reformierten Theologie für diese menschliche Notlage gebraucht wird, ist *totale Verderbtheit.* Die meisten Menschen zucken zusammen, wo immer wir diese Wendung benutzen, denn die Verwirrung darüber, was eigentlich mit *totaler* Verderbtheit gemeint ist, ist weit verbreitet. Totale Verderbtheit würde bedeuten, dass der Mensch so böse und so verdorben ist, wie er nur sein kann. Ich denke nicht, dass es irgendeinen Menschen auf der Welt gibt, der total verdorben ist, doch dies ist nur der Barmherzigkeit Gottes und der Wirkung der allgemeinen Gnade zuzuschreiben, die die Sünde eindämmt. Wie viele Sünden jeder von uns auch begangen haben mag, es könnte noch schlimmer sein. Wir hätten noch öfter sündigen können. Oder wir hätten noch abscheulichere Sünden begehen können. Mit totaler Verderbtheit ist also nicht gemeint, dass die Menschen so böse sind, wie es nur möglich ist.

Wenn die Reformatoren von totaler Verderbtheit sprachen, wollten sie damit sagen, dass sich die Sünde – ihre Kraft, ihr Einfluss und ihre Inklination – auf die ganze Person auswirkt. Unsere Körper sind gefallen, unsere Herzen sind gefallen und unsere Seelen sind gefallen. Kein Teil von uns entrinnt den Auswirkungen unserer sündigen menschlichen Natur. Die

Sünde beeinflusst unser Verhalten, unsere Gedankenwelt und sogar unsere Sprache. Die ganze Person ist gefallen. Das ist das wahre Ausmaß unserer Sündhaftigkeit, wenn wir sie nach dem Standard und der Norm der Heiligkeit und Vollkommenheit Gottes bemessen.

Der Apostel Paulus geht in seiner Beschreibung dieses gefallenen menschlichen Zustandes noch einen Schritt weiter. Er sagt: „Es ist keiner gerecht, auch nicht einer; es ist keiner, der verständig ist, der nach Gott fragt. Sie sind alle abgewichen, sie taugen alle zusammen nichts; da ist keiner, der Gutes tut, da ist auch nicht einer!" (Röm 3,10b–12). Das ist eine radikale Aussage. Paulus sagt, dass der gefallene Mensch niemals auch nur eine einzige gute Tat vollbringt. Aber das scheint unseren Erfahrungen entgegenzulaufen. Wenn wir uns umsehen, dann sehen wir zahllose Menschen, die keine Christen sind, und dennoch Dinge tun, für die wir sie loben. Beispielsweise sehen wir heldenhafte Selbstaufopferung auch bei Nichtchristen wie bei Polizisten und Feuerwehrmännern. Viele Menschen führen ein ruhiges Leben als gesetzestreue Bürger und widersetzten sich niemals dem Staat. Regelmäßig hören wir von ehrlichen und aufrichtigen Taten, wie zum Beispiel wenn jemand eine verloren gegangene Geldbörse zurückgibt, anstatt sie zu behalten. Johannes Calvin nannte dies zivile Gerechtigkeit. Aber wie kann es solch scheinbar gute Taten geben, wenn die Bibel sagt, dass niemand Gutes tut?

Der Grund für dieses Problem ist, dass die Bibel, wenn sie gut und böse beschreibt, dies von zwei unterschiedlichen Perspektiven tut. Zunächst gibt es da die Messlatte des göttlichen Gesetzes, die die äußere Performanz der Menschen bewertet. Wenn Gott zum Beispiel sagt, dass wir nicht stehlen sollen, und wir unser gesamtes Leben hindurch nicht stehlen, dann können wir, zumindest was unser Verhalten angeht, auf ein gutes Führungszeugnis hoffen. Wir haben nach außen das Gesetz gehalten.

Aber zusätzlich zu dieser Messlatte für unsere äußere Performanz wird auch unser Herz bewertet, die innere Motivation für unser Verhalten. Die Bibel sagt uns, der Mensch sieht auf das Äußere, aber Gott sieht auf das Herz. Aus biblischer Sicht erfordert eine wahrhaft gute Tat nicht nur, dass sie rein äußerlich den Anforderungen von Gottes Gesetz entspricht, sondern sie muss aus einem Herzen entspringen, das Gott liebt und ihn ehren will. Sie erinnern sich an das größte aller Gebote: „Du sollst den Herrn, deinen Gott, lieben mit deinem ganzen Herzen und mit deiner ganzen Seele und mit deinem ganzen Denken" (Mt 22,37). Gibt es jemanden, der dieses Buch liest und Gott in den vergangenen fünf Minuten von ganzem Herzen geliebt hat? Nein. Niemand liebt Gott von ganzem Herzen und erst recht nicht mit ganzer Seele und ganzem Denken.

Eine Sache, für die ich am Tag des Gerichts einst Rechenschaft ablegen werden muss, ist, mit wie wenig Verstand ich danach getrachtet habe, Gott zu erkennen. Wie oft war ich zu träge und zu faul, um Gott wirklich bis zum höchstmöglichen Grad zu erkennen? Ich habe Gott nicht mit meinem ganzen „Denken" geliebt. Würde ich Gott mit meinem ganzen „Denken" lieben, gäbe es keinen unreinen Gedanken mehr in meinem Kopf. Aber so arbeitet mein Kopf nicht.

Wenn wir das menschliche Verhalten aus dieser Perspektive betrachten, können wir verstehen, warum der Apostel zu seiner offensichtlich radikalen Schlussfolgerung gelangt, dass es keinen Menschen gibt, der Gutes tut, dass es Tugendhaftigkeit im wirklich umfassenden Sinn des Wortes nicht gibt. Selbst unsere besten Taten sind mit dem Makel der Sünde behaftet. Ich habe noch nie so aus Liebe und Aufopferung und Heldenmut gehandelt, dass ich hätte sagen können, ich hätte aus einem Herzen, einer Seele und einem Denken heraus gehandelt, die Gott ganz und gar liebten. Oberflächlich betrachtet vollbringen sowohl Gläubige als auch Ungläubige tugendhafte Dinge; aber Gott berücksichtigt sowohl den äußerlichen Gehorsam als auch die innere Motivation. Angesichts einer derart strengen Beweisaufnahme vor Gottes Gericht stecken wir wirklich in Schwierigkeiten.

Stellen Sie sich nun einen zweiten Kreis vor, gleich dem Kreis, mit dem wir uns die menschliche Natur vorgestellt haben, aber dieser Kreis repräsentiert diesmal die Natur Gottes. Wie viel Makel würden wir in diesem Kreis finden? Absolut keine. Wir sind total verdorben, aber Gott ist absolut heilig. Ja, er ist zu heilig, als dass er Sünde auch nur anschauen könnte. Er ist vollkommen gerecht.

Hier kommen wir zur Krux des Problems: Wie kann ein sündiger Mensch in der Gegenwart Gottes bestehen? Oder, um die Frage anders zu stellen: Wie kann ein ungerechter Mensch gerecht gemacht werden – oder gerechtfertigt werden? Kann er nochmal von vorne anfangen? Nein. Wenn ein Mensch erst einmal eine Sünde begangen hat, ist es unmöglich für ihn, jemals wieder vollkommen zu sein, denn er hat seine Vollkommenheit durch die erste Sünde verloren. Kann er die Strafe für seine Sünde bezahlen? Nein. Außer wenn er eine Ewigkeit in der Hölle verbringen möchte. Kann Gott einfach über die Sünde hinwegsehen? Nein. Wenn Gott das täte, so müsste er dafür seine Gerechtigkeit aufgeben.

Wenn der Mensch daher gerecht gemacht werden soll, muss Gottes Gerechtigkeit Genüge getan werden. Jemand muss in der Lage sein, die unendliche Strafe für die Sünde des Menschen zu bezahlen. Es muss zudem jemand aus der Gruppe der Täter sein, der menschlichen Rasse, jedoch jemand, der niemals in die unentrinnbare Unvollkommenheit der Sünde gefallen ist. Wenn dies die Forderung ist, dann würde sich kein Mensch qualifizieren. Aber: Gott selbst kommt infrage. Aus diesem Grund kam Gott der Sohn in die Welt und nahm menschliche Natur an. Wie der Autor des Hebräerbriefes sagt: „Daher *musste* er in jeder Hinsicht den Brüdern ähnlich werden …" (Hebr 2,17a, Hervorhebung zugefügt).

In zumindest einem sehr wichtigen Aspekt war Jesus anders als alle anderen Menschen. Stellen wir uns noch einmal einen Kreis vor, der diesmal die Natur Jesu repräsentiert. Er lebte einige Jahrzehnte als Mensch auf dieser Erde, war dem Gesetz Gottes unterstellt (Gal 4,4) und ist in allem versucht worden wie wir (Hebr 4,15). Aber wir sehen keine Flecken in seinem Kreis, keinen einzigen Makel. Aus diesem Grund verkündete Johannes der Täufer, wie wir im vorherigen Kapitel sahen: „Siehe, das Lamm Gottes, das die Sünde der Welt hinwegnimmt!" (Joh 1,29b). Die Passahlämmer des Alten Testaments mussten makellose Lämmer sein, körperlich so perfekt wie möglich. Aber das eigentliche Lamm, das Lamm Gottes, das die Sünden seines Volkes hinwegnehmen würde, musste in jeglicher Hinsicht vollkommen sein. Indem er Jesus das Lamm Gottes nannte, bestätigte Johannes, dass Jesus von Sünde unberührt war.

Jesus selbst erhob diesen Anspruch. Er fragte die Pharisäer: „Wer unter euch kann mich einer Sünde beschuldigen?“ (Joh 8,46a). Unsere Vertrautheit mit den Geschichten des Neuen Testamentes kann uns bisweilen betäuben. Darum kommt es ab und zu vor, dass Jesus eine radikale Aussage macht und wir zucken nicht einmal mit der Wimper. Wie würden Sie reagieren, wenn Ihnen jemand sagen würde: „Ich bin perfekt. Wenn Sie das nicht glauben, dann beweisen Sie mir das Gegenteil!“ Genau das sagte Jesus. Er behauptete, dass er anders ist, nicht wechselt zwischen Licht und Finsternis, ohne Fehl und ohne Sünde ist. Er sagte, seine Speise sei, den Willen seines Vaters zu tun (Joh 4,34). Er war ein Mann, dessen Leidenschaft im Leben es war, dem Gesetz Gottes gehorsam zu sein.

Wir haben also eine ungerechte Partei, den Menschen, und zwei gerechte Parteien. Wir haben einen gerechten Gott und einen gerechten Mittler, der ganz und gar heilig ist. Der Mittler kam, um stellvertretend für die ungerechte menschliche Rasse den Ansprüchen des gerechten Gottes Genüge zu tun. Er ist es, der die ungerechte Partei gerecht macht. Er ist der Einzige, der das tun konnte.

Als Protestanten nennen wir diesen Vorgang, durch den etwas Ungerechtes gerecht gemacht wird, *forensische Rechtfertigung*. Der Begriff *forensisch* taucht oft in Verbindung mit polizeilicher Ermittlungsarbeit auf. In der Forensik werden systematisch kriminelle Handlungen identifiziert bzw. ausgeschlossen, sowie analysiert oder rekonstruiert. Forensische Rechtfertigung geschieht dort, wo eine Person vor Gottes Richterstuhl für gerecht erklärt wird. Diese Rechtfertigung findet letztgültig dann statt, wenn der höchste Richter des Himmels und der Erde erklärt: „Du bist gerecht."

Die Grundlage für eine solche Erklärung ist die *Zurechnung* (lat.: *imputatio*). Dieses Konzept taucht häufig in der Schrift auf und ist für das, was Jesus am Kreuz vollbracht hat von zentraler Bedeutung.

Wir reden beispielsweise von Zurechnung, wenn wir sagen, dass Jesus unsere Sünden getragen und die Sünden der Welt auf sich genommen hat. Dieser Ausdruck beschreibt einen quantitativen Austausch, bei dem die Last der Sünde vom Menschen genommen und Christus auferlegt wird. Mit anderen Worten, Christus nahm allen Makel aus dem gedachten Kreis, über den wir am Anfang des Kapitels sprachen, bereitwillig auf sich. In der Theologie sprechen wir davon, dass Gott diese Sünden Jesus zurechnete. Darum schaute Gott auf Jesus und sah eine verdichtete Masse an Sünde, weil alle Sünden des ganzen Volkes Gottes auf den Sohn übertragen worden waren. Dann starb Jesus am Kreuz, um für diese Sünden Genugtuung zu leisten – und um seine Rolle als Bürge, als Mittler, als Stellvertreter und als Erlöser zu erfüllen. Das meinen Menschen, wenn sie sagen, Jesus sei für sie gestorben.

Aber wenn allein unsere Sünden auf Jesus übertragen worden wären und sonst nichts weiter geschehen wäre, wären wir nicht gerechtfertigt. Hätte Jesus alle Sünden, die ich jemals begangen habe, auf seine Schultern gepackt und die Strafe für mich ertragen, so würde mich das nicht in das Reich Gottes bringen. Es würde ausreichen, mich vor der Hölle zu bewahren, aber ich wäre deshalb noch nicht gerecht. Ich wäre zwar unschuldig, wenn man so will, aber noch nicht gerecht im positiven Sinne. Ich hätte keine Gerechtigkeit, auf die ich verweisen könnte. Wir dürfen nicht vergessen, dass Gerechtigkeit nicht nur bedeutet, unschuldig zu sein, sondern auch gerecht zu sein. Gerechtigkeit ist es, was mir Zugang in das Königreich Gottes verschafft. Jesus sagte, wenn unsere Gerechtigkeit nicht die der Schriftgelehrten und Pharisäer übertrifft, dann werden wir nicht ins Reich Gottes kommen.

Gott sei Dank gibt es aber nicht nur einen Transfer, eine Zurechnung, sondern zwei. Es werden nicht nur die Sünden der Menschen Christus zugerechnet, sondern im Wechsel auch die Gerechtigkeit Christi auf uns übertragen und uns angerechnet. Als Folge ist der menschliche Kreis aus Gottes Sicht von allem Makel gereinigt und zudem mit herrlicher Gerechtigkeit umkleidet. Wenn Gott mich somit für gerecht erklärt, so lügt er nicht.

Wir müssen verstehen, dass die Gerechtigkeit Christi, die uns zugerechnet wird, jene Gerechtigkeit ist, die er erreichte, indem er dreiunddreißig Jahre unter dem Gesetz lebte, ohne je auch nur einmal zu sündigen. Jesus musste ein Leben des Gehorsams leben, bevor sein Tod irgendeine Bedeutung haben konnte. Er musste sich, wenn man so will, erst einmal vor Gericht Gerechtigkeit verdienen. Ohne ein Leben des sündenlosen Gehorsams hätte das Sühnopfer Christi überhaupt keinen Wert. Wir begreifen, von welch zentraler Bedeutung diese Wahrheit ist. Wir müssen verstehen, dass Jesus nicht nur für uns gestorben ist, sondern auch für uns gelebt hat.

Katholiken nennen dieses Konzept eine rechtliche Fiktion und lehnen es ab, weil sie glauben, dadurch würde ein Schatten auf die Integrität Gottes geworfen, wenn postuliert wird, dass Gott Menschen für gerecht erklärt, die nicht gerecht sind. Als Antwort räumten die Reformatoren ein, dass dieses Konzept tatsächlich eine rechtliche Fiktion wäre, falls es sich auch bei der Zurechnung um eine Fiktion handle. In diesem Fall wäre die protestantische Sicht der Rechtfertigung eine

Lüge. Aber das Herzstück des Evangeliums ist, dass die Zurechnung real ist, dass Gott unsere Sünden Christus wirklich auferlegt und uns die Gerechtigkeit Christi wirklich übertragen hat. Die Gerechtigkeit Christi wird durch die Zurechnung tatsächlich unsere. Er ist unser Retter, nicht nur weil er gestorben ist, sondern weil er vor seinem Tod ein sündloses Leben geführt hat, wie es nur der Sohn Gottes leben konnte.

Theologen verwenden gerne lateinische Ausdrucke und einer meiner Favoriten ist die Redewendung, mit der Martin Luther dieses Konzept treffend beschrieb. In diesem Ausdruck findet sich die Quintessenz unseres Heils: *Simul justus et peccator.* Aus dem Wort *simul* leiten wir unser deutsches Wort *simultan* ab; es heißt einfach „zur gleichen Zeit.“ *Justus,* wie in Justiz, ist das Wort für „gerecht.“ Wir alle wissen, was *et* heißt. Wir hören es in den berühmten Worten aus dem Drama von Shakespeare „Julius Cäsar“: *„Et tu, Brute?“* („Auch du, Brutus?“). *Et* heißt „auch“ oder „und“. *Peccator* ist das lateinische Wort für „Sünder“. Also bedeutet Luthers Redewendung *Simul justus et peccator:* „Zur gleichen Zeit gerecht und Sünder.“

Das ist die protestantische Lehre von der Rechtfertigung im vollen Glanze. Ein Mensch, der in Christus ist, ist zur gleichen Zeit ein Sünder und gerecht. Wenn ich nur dadurch gerechtfertigt werden könnte, dass ich wirklich gerecht werde und keine Sünde mehr in mir wäre, so würde ich das Reich Gottes niemals sehen. Was das Evangelium besagt, ist, dass in dem Augenblick, da sich jemand auf Jesus Christus wirft, dieser Person alles, was Christus getan hat, zuteilwird. Alles, was er ist, wird unser Eigen – einschließlich seiner Gerechtigkeit. Luther sagte, dass ich im selben Augenblick, in dem ich glaube, kraft der Zurechnung der Gerechtigkeit Christi gerecht bin. Es ist Christi Gerechtigkeit, die mich gerecht macht. Sein Tod hat meine Strafe erledigt, sein Leben hat meinen Lohn eingebracht. So ist meine Gerechtigkeit voll und ganz mit Christus verknüpft.

Im Protestantismus nennen wir dies die Lehre der Rechtfertigung durch Glauben allein, denn nach dem Neuen Testament ist der Glaube der einzige Weg, über den die Gerechtigkeit und der Verdienst Christi uns angerechnet und zugedacht werden können. Wir können sie nicht erarbeiten. Wir können sie nicht verdienen. Wir können sie nicht erwerben. Wir können nur vertrauen und uns im Glauben an das klammern, was uns im Evangelium dargeboten wird.

Letztlich aber bedeutet Rechtfertigung durch Glauben allein Rechtfertigung durch Christus allein. Nur durch sein verdienstvolles Leben und seinen stellvertretenden Tod können wir in der Gegenwart eines heiligen Gottes bestehen. Ohne Christus sind wir ohne Hoffnung, denn alles, was wir jemals vor Gott bringen könnten, ist unsere Ungerechtigkeit. Er aber wurde „geboren von einer Frau und unter das Gesetz getan, damit er die, welche unter dem Gesetz waren, loskaufte“ (Gal 4,4b–5a).

Kein Wunder, dass der Schreiber des Hebräerbriefes sagt: „Wie wollen wir entfliehen, wenn wir eine so große Errettung missachten?“ (Hebr 2,3a). Das ist eine rhetorische Frage. Die Antwort auf diese Frage ist offensichtlich: Wir werden überhaupt nicht entfliehen, denn es ist unmöglich, dass ein ungerechter Mensch in der Gegenwart eines gerechten Gottes überlebt. Wir müssen gerechtfertigt werden. Da wir keine Gerechtigkeit in uns haben, durch die wir gerechtfertigt werden könnten, brauchen wir, was die Reformatoren eine fremde Gerechtigkeit (lat.: *iustitia aliena*) nannten. Und die einzig verfügbare Gerechtigkeit ist die Gerechtigkeit des Gott-Menschen, Jesus Christus.

Sieben

DER LEIDENDE GOTTESKNECHT

Die nackte historische Tatsache über die Kreuzigung ist, dass Jesus von den Römern hingerichtet wurde, indem er außerhalb von Jerusalem an ein Kreuz genagelt wurde. Unser Interesse gilt jedoch nicht so sehr den historischen Ereignissen, sondern vielmehr der Bedeutung des Kreuzesgeschehens. Wir haben festgestellt, dass die Sühne, die Christi vollbrachte, ein facettenreiches Ereignis ist. Das heißt, sie kann auf viele verschiedene Arten verstanden werden: als Bürgschaft für eine Schuld, als Versöhnung zweier verfeindeter Parteien, als Strafgericht für ein Verbrechen oder als Bezahlung eines Lösegeldes. Dem Sühnopfer Christi können jedoch auch Bedeutungen beigemessen werden, die nichts mit seiner wahren Bedeutung zu tun haben.

Wenn wir uns die Passionsberichte der Evangelien anschauen, fällt auf, dass die anwesenden Personen das, was sie miterlebten, auf verschiedene Art und Weise interpretierten. Die, die an der Kreuzigung direkt beteiligt waren, und die, die beobachteten, was geschah, verstanden die Ereignisse sehr unterschiedlich. Ohne Ausnahme gilt jedoch, dass ihr Verständnis fehlgeleitet war.

Der jüdische Hohepriester Kaiphas, der dem Plan von Jesu Kreuzigung zugestimmt hatte, betrachtete Jesu Tod als einen Akt der politischen Zweckmäßigkeit. Er war davon überzeugt, dass die Römer milde gestimmt und ein friedvolles politisches Verhältnis während der imperialen Besatzung Judäas gesichert werden könnte, wenn die jüdischen Führer erlauben würden, dass Jesus hingerichtet wird.

Der römische Statthalter Pontius Pilatus gab seine Einschätzung der Lage ab, nachdem er Jesus verhört hatte. Er verkündete der aufgebrachten Menge, die Jesu Blut fließen sehen wollte: „Ich finde keine Schuld an diesem Menschen!“ (Lk 23,4b). Pilatus erkannte, dass die Verurteilung Jesu aus juristischer Sicht unrecht war, aber er wusch seine Hände in Unschuld, weil sich die Kreuzigung für ihn schon allein deshalb lohnte, weil sich dadurch der Mob beruhigen ließ.

Während Christus am Kreuz litt, standen zahlreiche Menschen unter dem Kreuz. Für Maria, die Mutter Jesu, war die Kreuzigung eine schreckliche Qual und eine Erfüllung der Prophezeiung, die ihr gegeben worden war, als sie Jesus als Neugeborenen im Tempel dargebracht hatte (Lk 2,35). Als sie ihren Sohn sterben sah, war es, als dringe ein Schwert durch ihre Seele. Die Jünger Jesu versanken in tiefe Verzweiflung, als sie ihren Herrn am Kreuz hängen sahen. Das gemeine Volk war wütend, weil Jesus sie enttäuscht hatte. Sie hatten erwartet, dass er eine Revolution zur nationalen Befreiung anführen würde. Er aber hatte sich der römischen Autorität widerstandslos unterstellt. Diese Menschen sahen den Tod Jesu als eine gerechte Strafe für jemanden, der einen falschen Anspruch auf das Amt des Messias erhoben hatte.

An jenem Tag gab es aber auch noch andere, die etwas mehr verstanden von dem, was dort am Kreuz geschah. Ein römischer Hauptmann sah, wie der Herr litt und wie er starb, und sagte bewegt: „Wahrhaftig, dieser Mensch ist Gottes Sohn gewesen!" (Mk 15,39b). Ich wünschte, wir hätten Gelegenheit mit ihm zu sprechen und könnten herausfinden, was ihn unter diesen Umständen von Jesu Identität überzeugte. Und schließlich wurden zu beiden Seiten Jesu zwei Kriminelle gekreuzigt. Einer stimmte ins Gespött mit ein, der andere aber bezeichnete Jesus einen unschuldigen Menschen und bat ihn um Einlass in das Königreich.

Was all diesen Augenzeugenberichten fehlt, ist das Verständnis, dass die Kreuzigung ein Ereignis von kosmischer Bedeutung war. Das sollte kaum überraschen. Wer hätte schon – nur aufgrund dessen, was man dort auf Golgatha an jenem Tag sehen konnte – darauf schließen können, dass Jesus die Sünde des Volkes Gottes sühnte? Ein richtiges Verständnis der Bedeutung der Kreuzigung konnte nicht einfach durch bloße Beobachtung des Ereignisses allein erlangt werden. Ebenso wenig können wir erfassen, was sich im Kreuz erfüllte, indem wir bloß einen Tatsachenbericht der Ereignisse lesen. Wir brauchen jemanden, der uns die Bedeutung hinter den Tatsachen aufdeckt, damit uns der tiefere Sinn des Kreuzes nicht entgeht.

Aus diesem Grund sandte Jesus den Heiligen Geist, um seine Apostel die Wahrheit über sein Werk zu lehren, damit sie diese zu ihrer Zeit predigen und für spätere Generationen in vom Geist eingegebenen Büchern aufschreiben konnten. Die Briefe des Neuen Testamentes geben uns eine ausführliche und umfassende Interpretation der Bedeutung und Wichtigkeit der historischen Ereignisse, die in den Evangelien und in dem Buch der Apostelgeschichte für uns aufgezeichnet sind. Es ist wichtig zu betonen, dass auch die Evangelien und die Apostelgeschichte uns mehr liefern als nur eine Art Zeitungsbericht der Ereignisse. In diesen Berichten findet sich ein gutes Maß an redaktioneller Arbeit, durch die die Autoren die Bedeutung und Wichtigkeit dessen, was sie berichten, erläutern.

Wir müssen uns aber auch unbedingt darüber im Klaren sein, dass Gott nicht nur im Nachhinein Auslegungen der Kreuzigung geliefert hat. Über Hunderte von Jahren vor Jesu Geburt gab er seinem Volk Prophezeiungen über den kommenden Messias und über das Werk, das er vollbringen würde. Das Kreuz war kein isoliertes Ereignis der Geschichte, das zu einem bestimmten Augenblick sozusagen aus dem Nichts kam. Es war der Höhepunkt von Jahrhunderten der Heilsgeschichte. Gott hat bereits eine Ewigkeit zuvor bestimmte Dinge in Bewegung gesetzt und diese Vorgänge erreichten ihren Zenit mit dem Tod Christi. Die Schriften des Alten Testamentes deuten auf diesen Zenit hin.

In Anbetracht der biblischen Vorhersagen hätten eigentlich viele, die zusahen, wie Jesus erhöht und ans Kreuz genagelt wurde, in der Lage sein sollen, die Bedeutung dessen, was sie sahen, zu verstehen. Aber noch nicht einmal die Apostel waren zum Zeitpunkt der Kreuzigung fähig, die richtigen Schlüsse zu ziehen. Erst später, als der Heilige Geist über sie gekommen war, konnten sie eins und eins zusammenzählen. Von da an bedienten sich die Apostel in ihren Predigten, die in der Apostelgeschichte überliefert sind, als auch in ihren Briefen zur Deutung der Geschehnisse auf Golgatha häufig des Alten Testaments.

Wie wir in einem vorhergehenden Kapitel gesehen haben, hatten die Apostel bereits einen klaren Präzedenzfall für den Gebrauch alttestamentlicher Prophezeiungen, um das Werk Jesu zu erklären. Jesus selbst tat genau das, als er zu Beginn seines öffentlichen Dienstes nach Nazareth ging und seine Antrittspredigt in der dortigen Synagoge hielt. Nachdem er einen Abschnitt der messianischen Prophezeiung aus Jesaja 61 gelesen hatte, sagte Jesus: „Heute ist diese Schrift erfüllt vor euren Ohren!" (Lk 4,21). Noch bemerkenswerter ist aber, wie Jesus nach der Auferstehung zwei seiner Jünger auf der Straße nach Emmaus über sich selbst unterwies: „Und er begann bei Mose und bei allen Propheten und legte ihnen in *allen Schriften* aus, was sich auf ihn bezieht" (Lk 24,27, Betonung zugefügt). Jesus verwendete also nicht nur Jesajas Prophezeiungen, sondern alle Schriften des Alten Testamentes, um sich und seine Mission begreiflich zu machen.

Ein wichtiges Beispiel für die Verwendung alttestamentlicher Schriften durch die Apostel finden wir in der Apostelgeschichte. Dort versucht Philippus mithilfe einer der wichtigsten Prophezeiungen des Alten Testamentes einem äthiopischen Eunuchen das Evangelium zu verkündigen. Die Geschichte befindet sich in Apostelgeschichte 8, ab Vers 26:

> Ein Engel des Herrn aber redete zu Philippus und sprach: Steh auf und wandere nach Süden auf der Straße, die von Jerusalem nach Gaza hinabführt; diese ist einsam. Und er stand auf und machte sich auf den Weg. Und siehe, [da war] ein Äthiopier, ein Kämmerer und Gewaltiger der Kandake, der Königin der Äthiopier, welcher über ihren ganzen Schatz gesetzt war; dieser war gekommen, um in Jerusalem anzubeten, und nun kehrte er zurück und saß auf seinem Wagen und las den Propheten Jesaja. Da sprach der Geist zu Philippus: Tritt hinzu und halte dich zu diesem Wagen! Da lief Philippus hinzu und

> hörte ihn den Propheten Jesaja lesen; und er sprach: Verstehst du auch, was du liest?

Ein Würdenträger, der Hofschatzmeister der Königin von Äthiopien, war zum Gottesdienst in Jerusalem gewesen und befindet sich nun in seiner Kutsche auf der Heimreise. Dies ist nicht Ben Hur, der mit seinen Pferden bei Höchstgeschwindigkeit durch das Kolosseum rast. Dieser Mann hatte es sich vielmehr bequem gemacht, während der Kutscher auf die Straße und die Pferde achtete. Der Heilige Geist führte Philippus zu dieser Kutsche und trägt ihm auf, der Kutsche des Eunuchen zu folgen und diesen anzusprechen. In Gottes Vorsehung hört er, wie der Äthiopier laut aus dem Buch Jesaja vorliest. Und da ist er: der perfekte Gesprächseinstieg. Also fragt Philippus den Mann, ob er auch versteht, was er gerade liest.

> Er aber sprach: Wie kann ich denn, wenn mich nicht jemand anleitet? Und er bat Philippus, aufzusteigen und sich zu ihm zu setzen. Die Schriftstelle aber, die er las, war diese:

»Wie ein Schaf wurde er zur Schlachtung
geführt,
und wie ein Lamm vor seinem Scherer
stumm ist,
so tut er seinen Mund nicht auf.
In seiner Erniedrigung wurde sein Gericht
aufgehoben.
Wer will aber sein Geschlecht beschreiben?
Denn sein Leben wird von der Erde
weggenommen!«

Da wandte sich der Kämmerer an Philippus und sprach: Ich bitte dich, von wem sagt der Prophet dies? Von sich selbst oder von einem anderen? Da tat Philippus seinen Mund auf und begann mit dieser Schriftstelle und verkündigte ihm das Evangelium von Jesus. Als sie aber auf dem Weg weiterzogen, kamen sie zu einem Wasser, und der Kämmerer sprach: Siehe, hier ist Wasser! Was hindert mich, getauft zu werden? Da sprach Philippus: Wenn du von ganzem Herzen glaubst, so ist es erlaubt! Er antwortete und sprach: Ich glaube, dass Jesus Christus der Sohn Gottes ist! (Apostelgeschichte 8, 31–37)

Diese Erzählung aus dem Buch der Apostelgeschichte zeigt deutlich, welch zentrale Rolle die alttestamentlichen Prophezeiungen im neutestamentlichen Verständnis des Todes Christi einnehmen. So wie Philippus erklärten auch die Apostel das Leben und Werk Jesu nicht anhand irgendwelcher zeitgenössischer philosophischen Theorien, sondern anhand des Alten Testaments. Der Eunuch möchte wissen, von wem Jesaja spricht, von sich selbst oder von jemand anderem, und Philippus zeigt ihm, dass er von Jesus spricht. Das ist eine erstaunliche Aussage, dass Hunderte von Jahren vor Jesu Geburt nicht nur sein Werk, sondern auch sein Tod prophezeit wurde. Nicht weniger erstaunlich ist die Wirkung dieser Erklärung. Innerhalb kürzester Zeit wandelt sich der Eunuch vom ahnungslosen Leser einer Prophezeiung, die er ohne Hilfe und Führung nicht verstanden hätte, zu einem, der ein Bekenntnis des Glaubens an Jesus

Christus ablegt und um die Taufe bittet. Die Anwendung eines alttestamentlichen Textes auf die Person und das Werk Christi bewirkt seine Bekehrung.

Schauen wir uns den Text, den der Äthiopier las, einmal näher an. Wir finden ihn in Jesaja 53, und er beginnt mit folgenden Worten:

> Wer hat unserer Verkündigung geglaubt,
> und der Arm des HERRN, wem ist er geoffenbart worden?
> Er wuchs auf vor ihm wie ein Schössling,
> wie ein Wurzelspross aus dürrem Erdreich.

Mir gefällt das Bild. Es ist der Wüste entliehen, wo Wasser rar ist und der ausgedörrte Boden kaum Vegetation aufkommen lässt. Die ausgedörrte Erde ist von Hitze und Trockenheit aufgeplatzt, und wenn ein kleiner Spross zwischen den Ritzen im Wüstenboden emporkeimt, muss er in der Mittagshitze ums Überleben kämpfen. Er hat nur wenig Nahrung. Dieses Bild benutzt der Prophet, um den zukünftigen Diener des

Herrn zu beschreiben, manchmal auch der leidende Gottesknecht genannt, den Gott aus einem trockenen und durstigen Land erwachsen lässt.

Jesaja fährt in den Versen 2–3 mit noch lebhafteren Bildern fort:

> Er hatte keine Gestalt und keine Pracht;
> wir sahen ihn,
> aber sein Anblick gefiel uns nicht.
> Verachtet war er und verlassen von den Menschen,
> ein Mann der Schmerzen und mit Leiden vertraut;
> wie einer, vor dem man das Angesicht verbirgt,
> so verachtet war er,
> und wir achteten ihn nicht.

Wenn wir diesen Abschnitt lesen, müssen wir uns fragen, wie Jesus in seiner menschlichen Gestalt wirklich aussah. Wir besitzen kein physisches Porträt von Jesus; es hat keines aus dem Altertum überlebt. Es gibt wunderschöne Darstellungen, die unsere Kirchen schmücken, Gemälde, die Christus mit wallendem Haar und makellosen Zügen und so weiter abbilden, aber diese Bilder scheinen nicht mit dem Bild übereinzustimmen, das Jesaja uns in diesen Worten vor Augen malt. Das prophetische Porträt von Jesus, dem Messias, dem leidenden Gottesknecht, beschreibt einen Menschen, der keine Gestalt und keine Pracht hatte, keine schöne Gestalt, für die man ihn bewundern würde. In der Tat besitzt sein Angesicht etwas Abstoßendes, denn nach dieser Beschreibung verbergen die Menschen ihr Angesicht vor ihm, wenn sie ihn sehen.

Dies bezieht sich womöglich nicht auf den normalen Gesichtsausdruck des leidenden Gottesknechts. Vielmehr beschreibt es wohl seine Entstelltheit während des Leidens, die zu seiner Hinrichtung führten, als er verletzt und gezeichnet, geschlagen, misshandelt und entstellt wurde. Auf jeden Fall wird der leidende Knecht Gottes als verachtet und von Menschen verlassen beschrieben, „ein Mann der Schmerzen und mit Leiden vertraut".

Die Verse 4–6 liefern jedoch eine wichtige Interpretation der Mission des allseits Verachteten:

Fürwahr, er hat unsere Krankheit getragen
und unsere Schmerzen auf sich geladen;
wir aber hielten ihn für bestraft,
von Gott geschlagen und niedergebeugt.
Doch er wurde um unserer Übertretungen
willen durchbohrt,
wegen unserer Missetaten zerschlagen;
die Strafe lag auf ihm,
damit wir Frieden hätten,
und durch seine Wunden sind wir geheilt
worden.
Wir alle gingen in die Irre wie Schafe,
jeder wandte sich auf seinen Weg;
aber der HERR warf unser aller Schuld
auf ihn.

Dieser Text liest sich fast wie ein Augenzeugenbericht der Kreuzigung; aber er enthält auch eine der interessantesten Bemerkungen zur Bedeutung dessen, was der leidende Gottesknecht ertragen musste: „Wir aber hielten ihn für bestraft, von Gott geschlagen und niedergebeugt.“ Was ist hier die Bedeutung von „hielten“? Als wir in einem früheren Kapitel über Sünde sprachen, sahen wir, dass Menschen das äußere Erscheinungsbild betrachten, Gott aber das Herz anschaut. Weil wir so sehr auf Äußerlichkeiten achten, kann unsere eigene Einschätzung über den tieferen Sinn oder die Bedeutung von Dingen oft komplett danebenliegen. Aber die Einschätzung, was mit dem leidenden Gottesknecht geschah, war vollkommen richtig. Am Kreuz wurde Gottes Zorn über Christus ausgegossen. Gott bestrafte ihn, schlug ihn und beugte ihn nieder – aber nicht weil er selbst irgendetwas Böses getan hatte. Er wurde in seiner Rolle als der Stellvertreter von Gottes Volk zerschlagen. Darum verkündet Jesaja: „Doch er wurde um *unserer* Übertretungen willen durchbohrt, wegen *unserer* Missetaten zerschlagen; die Strafe lag auf ihm, damit wir Frieden hätten, und durch seine Wunden sind *wir* geheilt worden. Wir alle gingen in die Irre wie Schafe, jeder wandte sich auf seinen Weg; aber der Herr warf *unser aller* Schuld auf ihn“ (Betonung zugefügt). Der Prophet unterstreicht den Punkt der Stellvertretung.

Die göttliche Offenbarung durch Jesaja gewinnt in ihrem Verlauf noch an Klarheit. In Jesaja 53, 10–12 steht:

> Aber dem HERRN gefiel es, ihn zu zerschlagen;
> er ließ ihn leiden.
> Wenn er sein Leben zum Schuldopfer
> gegeben hat,
> so wird er Nachkommen sehen und seine
> Tage verlängern;
> und das Vorhaben des HERRN wird in seiner Hand gelingen.
> Nachdem seine Seele Mühsal erlitten hat,
> wird er seine Lust sehen und die Fülle
> haben;
> durch seine Erkenntnis wird mein Knecht,
> der Gerechte, viele gerecht machen,
> und ihre Sünden wird er tragen.
> Darum will ich ihm die Vielen zum Anteil
> geben, …

> dafür, dass er seine Seele dem Tod preisgegeben hat
> und sich unter die Übeltäter zählen ließ
> und die Sünde vieler getragen und für die Übeltäter gebetet hat.

Dieser Abschnitt enthält einen meiner Lieblingsverse: „Nachdem seine Seele Mühsal erlitten hat, wird er seine Lust sehen …". Jesaja bezeugt dort mit außerordentlicher Klarheit, dass Gott der Vater auf die Mühe und Plage seines Sohnes schauen würde, und dass er, wenn er sein Werk am Kreuz erblickt, zufrieden sein wird. Durch sein Werk als Bürge, Mittler, Stellvertreter und Erlöser würde Christus gewiss der Gerechtigkeit des Vaters Genüge tun. Sein Sühnopfer würde Genugtuung schaffen.

Eine weitere, kristallklare Prophezeiung der Ablehnung des Messias findet sich in Psalm 22. Dort lesen wir:

> Mein Gott, mein Gott,
> warum hast du mich verlassen? …

Warum bleibst du fern von meiner
 Rettung…? …
Ich aber bin ein Wurm und kein Mensch,
 ein Spott der Leute und verachtet vom
 Volk. …
Alle, die mich sehen, spotten über mich;
 sie reißen den Mund auf und schütteln
 den Kopf. …
»Er soll doch auf den HERRN vertrauen;
 der soll ihn befreien;
 der soll ihn retten, er hat ja Lust an ihm!« …
Es umringen mich große Stiere,
 mächtige [Stiere] von Baschan umzingeln
 mich.
Sie sperren ihr Maul gegen mich auf
 wie ein reißender und brüllender Löwe.
Ich bin ausgeschüttet wie Wasser,
 und alle meine Gebeine sind ausgerenkt.
 Mein Herz ist geworden wie Wachs,
 zerschmolzen in meinem Innern. …
Hunde umringen mich,
 eine Rotte von Übeltätern umgibt mich;

sie haben meine Hände und meine Füße
durchgraben.
Ich kann alle meine Gebeine zählen;
sie schauen her und sehen mich [schaden-
froh] an.
Sie teilen meine Kleider unter sich und
werfen das Los über mein Gewand.

Der Psalm beginnt mit genau den Worten, die Jesus am Kreuz ausrief: „Mein Gott, mein Gott, warum hast du mich verlassen?" Dann fährt er fort, besondere Aspekte seines Leidens aufzuzählen: wie er beschimpft und verspottet wurde; wie seine Hände und Füße durchbohrt wurden; wie seine Gewänder zerteilt und die römischen Soldaten sein Gewand unter sich auslosten. Hier haben wir also eine weitere Prophezeiung des leidenden Knechts. Natürlich war Jesus dieser Psalm vertraut und er hatte ihn während seines stellvertretenden Sterbens im Sinn. Es ist offensichtlich, dass er sich mit diesen speziellen prophetischen Äußerungen aus dem Alten Testament identifizierte.

Im Alten Testament gibt es viele solcher Prophezeiungen. Wir sprachen bereits über 1. Mose 3,15 – das *Protevangelium,* die erste Gute Nachricht, die darin Bestand, dass Gott voraussagte, dass der Same des Weibes den Kopf der Schlange zertreten würde. Andere nennenswerte messianische Prophezeiungen stehen in Psalm 2, der vom Sieg Christi spricht; in Jesaja 7,14 wird die Jungfrauengeburt Jesu vorausgesagt; Jesaja 9,6–7 macht deutlich, der Messias wird göttlicher Natur sein; Jesaja 11,1–10 enthüllt, dass Jesus dem Geschlecht Davids abstammt; Jesaja 42,1–9 prophezeit die Verbreitung des Evangeliums unter den Nichtjuden; Micha 5,2 benennt den Geburtsort Jesu und Sacharja 9,9 beschreibt den triumphalen Einzug Jesu in Jerusalem. In jeder dieser Schriftstellen weist Gott auf seine Absicht hin, einen zu schicken, der den Platz seines Volkes einnehmen und Gott und seiner Gerechtigkeit Genüge tun würde.

Die Schriften des Alten Testamentes verweisen eindeutig auf ein stellvertretendes Sühnopfer. Sie zeigen, dass es von vornherein Gottes Absicht gewesen ist, dass sein Sohn in menschlicher Gestalt auf die

Erde kommen, als Mensch unter dem Gesetz leben und einen stellvertretenden Tod für sein Volk sterben sollte. Darüber hinaus liefern die Evangelien dann einen zuverlässigen Bericht über die Ereignisse um die Kreuzigung, und die Briefe des Neuen Testamentes liefern eine von Gottes Geist inspirierte Deutung vom Werk des Stellvertreters, wobei sie sich immer wieder auf das Alte Testament beziehen.

Durch Gottes Gnade halten wir nun sowohl die Tatsachen als auch die Deutung dieser Tatsachen in den Händen, durch die wir, durch die Erleuchtung des Heiligen Geistes, zur wahren und rettenden Erkenntnis über das Kreuz gelangen können.

Acht

SEGEN UND FLUCH

Wenn in meinem Kirchenbund ein Mann zum Dienst am Evangelium ordiniert wird, hat er das Privileg und die Freude, das Ordinationslied auszuwählen. Als ich 1965 ordiniert wurde, fiel meine Wahl für diesen Anlass auf das Lied: „'Tis Midnight and on Olive's Brow" (Es ist Mitternacht im Olivenhain) von William B. Tappan. Der Text dieses Liedes verfolgt die Passion Christi im Garten von Gethsemane. Vielen Christen in Amerika ist dieses Lied völlig unbekannt, aber ich liebe den Text – mit einer kleinen Ausnahme. An einer Stelle im Lied heißt es: „Doch der, der da in Schmerzen kniet, sein Gott ihn sicher nie verlässt." Diese Worte geben mir zu denken. Ich kann meine Theologie vielleicht etwas dehnen und sagen, dass Jesus ultimativ nicht von seinem Vater verlassen wurde, aber es gab durchaus einen Punkt, da Jesus sehr wohl von seinem Vater verlassen worden war – und diese Verlassenheit geschah am Kreuz.

Natürlich sagte Jesus selbst, dass er inmitten seines stellvertretenden Leidens und Sterbens verlassen war. Wie wir im vorhergehenden Kapitel sahen, rief Jesus die Worte aus Psalm 22 aus, während er am Kreuze hing: „Mein Gott, mein Gott, warum hast du mich verlassen?" Verschiedentlich sind diese Worte dahin gehend interpretiert worden, dass Christus sich zwar verlassen fühlte, weil seine Seele dort auf Golgatha durchs finstere Tal des Todesschattens wanderte, als er sich stellvertretend opferte, dass er aber nicht wirklich von seinem Vater verlassen war. Wenn Christus während seiner Hinrichtung jedoch nicht wirklich vom Vater verlassen wurde, dann hat auch keine Sühne stattgefunden, denn Verlassensein war die Strafe für die Sünde, die Gott im Alten Bund angedroht hatte. Daher musste Christus am Kreuz diese Strafe in vollem Maße auf sich nehmen.

Um diesen Aspekt der Sühne besser zu verstehen, müssen wir das Kreuz und das Werk Christi vor dem Hintergrund dessen betrachten, was wir einen Bund nennen. Ich denke, es ist unmöglich, den Tod Christi umfassend zu verstehen, ohne gleichzeitig die Entfaltung des Bundes zu verstehen, die sich im Alten und Neuen Testament abspielt.

Die Fachleute, die sich mit den verschiedenen Elementen von Bundesschlüssen in der antiken Welt befasst haben, haben festgestellt, dass sich die Inhalte der einzelnen Bünde zwar von Kultur zu Kultur unterscheiden, einige Aspekte jedoch praktisch überall gleich blieben. Wenn zum Beispiel ein rechtliches Abkommen geschmiedet wurde, gab sich zunächst der Souveräne zu erkennen und lieferte dann eine historische Zusammenfassung seiner Beziehung zu den Untergebenen des Bundes. Dies galt sowohl bei den Juden als auch bei den Sumerern, Chaldäern und anderen Völkern des Altertums.

Das ist der Grund, warum Gott, als er einen Bund mit seinem Volk, den Israeliten, schloss, sich zuallererst selbst zu erkennen gab und sprach: „Ich bin der HERR, dein Gott, der ich dich aus dem Land Ägypten, aus dem Haus der Knechtschaft, herausgeführt habe.“ (2. Mose 20, 2). Zuerst lieferte er diesen historischen Prolog, dann gab er die Konditionen des Bundes bekannt, die wir Vertragsklauseln nennen. Jeder Bund hat derartige Klauseln. Wer heiratet, geht einen Bund ein und verspricht bestimmte Dinge zu tun – zu lieben, zu ehren, zu bewahren und so weiter. Wer einen Arbeitsvertrag mit einer Firma unterzeichnet, der verspricht vielleicht, acht Stunden am Tag zu arbeiten und die Firma verspricht ein bestimmtes Gehalt, soundso viele Zusatzleistungen, soundso viele bezahlte Urlaubstage und so weiter. Das sind die Bedingungen.

Aber im Altertum beinhalteten Bundesschlüsse auch Sanktionen. Hier gab es Belohnungen und Bestrafungen; Belohnung, wenn die Vertragsklauseln erfüllt wurden, und Bestrafungen, wenn die Klauseln gebrochen wurden. In Gottes Bund mit Israel war es nicht anders. Er enthielt Sanktionen sowohl für Gehorsam als auch für Ungehorsam, obwohl die Worte Belohnung und Bestrafung nicht verwendet werden. Im Alten Bund wurde die Belohnung für Gehorsam Segen und die Strafe für Vertragsbruch Fluch genannt.

5. Mose 28 ist eine der Stellen im Alten Testament, wo die Segnungen und Flüche des Bundes aufgezählt werden. Gott spricht zu seinem Volk durch Moses:

> Es wird aber geschehen, wenn du der Stimme des HERRN, deines Gottes, wirklich gehorchst und darauf achtest, alle seine Gebote zu tun, die ich dir heute gebiete, dann wird dich der HERR, dein Gott, als Höchstes über alle Völker der Erde setzen. Und alle diese Segnungen werden über dich kommen und dich erreichen, wenn du der Stimme des HERRN, deines Gottes, gehorchst: Gesegnet wirst du sein in der Stadt und gesegnet auf dem Feld. Gesegnet wird sein die Frucht deines Leibes und die Frucht deines Landes, die Frucht dei-

> nes Viehs, der Wurf deiner Rinder und die Zucht deiner Schafe. Gesegnet wird sein dein Korb und dein Backtrog. Gesegnet wirst du sein bei deinem Eingang, und gesegnet bei deinem Ausgang. (5. Mose 28,1–6)

Sehen Sie die Litanei? Es ist, als würde Gott sagen: „Wenn ihr euch an diese Auflagen haltet und die Gebote befolgt, die ich euch gegeben habe, dann will ich euch segnen: Ich will euch segnen, wenn ihr aufsteht; ich will euch segnen, wenn ihr euch hinsetzt; ich will euch segnen, wenn ihr euch umdreht; ich will euch segnen, wenn ihr still seid; ich will euch segnen, wenn ihr sprecht; ich will euch segnen, wenn ihr in der Stadt seid; ich will euch segnen, wenn ihr auf dem Land seid; ich will euch segnen, wenn ihr auf der Autobahn unterwegs seid; ich will euch segnen, wenn ihr auf dem Meer fahrt. Wohin ihr auch geht, und was ihr auch tut, ihr werdet gesegnet sein."

Dann kommen wir zu dem furchterregenden Teil, dem Teil, wo das große „Aber" steht, in 5. Mose 28:

Es wird aber geschehen, wenn du der Stimme des HERRN, deines Gottes, nicht gehorchst, sodass du alle seine Gebote und Satzungen nicht bewahrst und tust, die ich dir heute gebiete, so werden all diese Flüche über dich kommen und dich treffen: Verflucht wirst du sein in der Stadt und verflucht auf dem Feld. Verflucht wird sein dein Korb und dein Backtrog. Verflucht wird sein die Frucht deines Leibes, die Frucht deines Landes, der Wurf deiner Rinder und die Zucht deiner Schafe. Verflucht wirst du sein bei deinem Eingang, und verflucht bei deinem Ausgang. (5. Mose 28,15–19)

Hier existieren Parallelen. Im Grunde sagt Gott: „Wenn ihr gehorcht, werdet ihr gesegnet. Aber wenn ihr nicht gehorcht, werdet ihr verflucht, wenn ihr aufsteht; ihr werdet verflucht, wenn ihr euch hinsetzt; ihr werdet verflucht in der Stadt, ihr werdet verflucht auf dem Land, eure Kinder werden verflucht sein, eure

Tiere werden verflucht sein, eure Schafe werden verflucht, alles wird verflucht."

Um diese Sanktionen richtig zu verstehen, müssen wir erläutern, was es heißt, gesegnet und verflucht zu sein. Das sind wichtige Worte. Im Vorfeld der Herausgabe der Bibel in der *New King James Version,* der revidierten Fassung der King-James-Bibel von 1769, nahm ich an einem Treffen teil, das einberufen wurde, um diverse Übersetzungsfragen zu bewerten. Eine dieser Fragen hatte damit zu tun, wie man wohl die Seligpreisungen Jesu am besten in neuzeitliches Englisch übertragen könnte. Wir diskutierten, ob wir sagen sollten: „Gesegnet sind die geistlich Armen..." oder „Glücklich sind die geistlich Armen..." Es gab eine ganze Anzahl von Leuten auf diesem Treffen, die mit „glücklich" übersetzen wollten, aber ich protestierte, weil das Wort *„gesegnet"* eine besondere theologische Bedeutung innehat, die das Wort *„glücklich"* nicht hat. Ich hatte Bedenken, dass der Inhalt verarmen würde, wenn wir diese konkrete Bibelstelle mit dem Wort *„glücklich"* übersetzten. Gott sei Dank stimmte die Mehrheit der Anwesenden mir zu und darum steht in der *New King James Bibel* heute, dass die geistlich Armen „gesegnet" sind.

Was ist denn nun die Bedeutung dieses Wortes? Für den Juden bedeutete Segnung, höchste Gunst aus Gottes Hand zu empfangen. Am liebsten erkläre ich die höchste Gunst anhand der hebräischen Segensformel aus 4. Mose 6,24–26. Gott befahl den Priestern Israels, das Volk mit diesen Worten zu segnen:

> Der HERR segne dich
> und behüte dich!
> Der HERR lasse sein Angesicht leuchten über dir
> und sei dir gnädig!
> Der HERR erhebe sein Angesicht auf dich
> und gebe dir Frieden!

Es fällt auf, dass diese Segensformel eine poetische Struktur besitzt. Es ist eine literarische Stilfigur, die synthetischer Parallelismus genannt wird. Der Segen besteht aus drei Versen, die im Kern das Gleiche aussagen. Um der dichterischen Vielfalt und Abwechslung willen kommen verschiedene Worte zum Einsatz, aber die Botschaft ist die gleiche. Dieser Parallelismus hilft uns, die jüdische Auffassung von Gesegnetsein zu verstehen. Zu beachten ist, dass der erste Teil des ersten Verses sagt: „Der HERR segne dich." Es ist dem Parallelismus zu verdanken, dass wir einen Hinweis darauf bekommen, wie göttlicher Segen zu verstehen ist, indem wir uns jeweils die ersten Teile der nächsten beiden Verse anschauen. Dort finden wir heraus, dass Gesegnetsein gleichbedeutend war mit dem Angesicht des HERRN, das über jemandem leuchtet und sich auf jemanden erhebt.

Für den Juden war der höchste Segen die selige Schau, die *Visio Dei,* die Gottesschau, das Angesicht Gottes zu schauen. Wenn wir uns näher damit beschäftigen würden, mit allen Folgen innerhalb des Alten Testamentes, würden wir sehen, dass Gesegnetsein etwas mit der Nähe der Gegenwart Gottes zu tun hat. Je näher man der unmittelbaren Gegenwart Gottes kommt, umso größer ist das Gesegnetsein. Je weiter eine Person vom Angesicht Gottes entfernt ist, desto geringer ist das Gesegnetsein.

Ein Fluch ist das Gegenteil von Gesegnetsein. Darum ist es die höchste Form des Verfluchtseins, wenn der HERR jemandem den Rücken kehrt und das Gericht über ihn bringt.

Im Alten Testament wurde Gesegnetsein als Nähe der Gegenwart Gottes verstanden. Im Gegensatz dazu bestand der Fluch des Bundes darin, von der Gegenwart Gottes abgeschnitten zu sein, niemals das Licht seines Angesichts zu schauen, in die tiefste Dunkelheit geworfen zu werden. So verstand der Jude den Fluch.

Diese Vorstellung ist Hintergrund vieler alttestamentlicher Ereignisse und Riten. Als Israel beispielsweise nach der Errettung aus Ägypten durch die Wüste Sinais wanderte, schlug das Volk auf eine besondere Art und Weise sein Lager auf. Entsprechend der Anordnung ihrer Stämme stellten sie ihre Zelte gemäß einem von Gott vorgegebenen Plan auf. Die Zelte wurden alle um einen zentralen Platz aufgebaut. Im Zentrum stand die Stiftshütte. Gott schlug sein Zelt in der Mitte auf, mitten unter dem Volk. Seine Gegenwart war mit den Israeliten. Es überrascht kaum, dass die Juden anfingen, Nichtjuden als „Außenseiter“ zu bezeichnen, weil sie außerhalb des Lagers des Bundesvolkes lebten, in „äußerster Finsternis“ (Mt 8,12).

Eine weitere Veranschaulichung dieser Auffassung finden wir in der alttestamentlichen Zeremonie des Versöhnungstags. An diesem Tag musste jedes Jahr ein Lamm auf dem Altar als Blutopfer für die Sünden des Volkes dargebracht werden. Daneben gab es auch einen Ziegenbock, den Sündenbock. Die Sünden der Nation wurden in einer zeremoniellen Handlung auf den Kopf des Ziegenbocks übertragen und dann geschah etwas sehr Bedeutungsvolles. Der Ziegenbock wurde nicht getötet – diese symbolische Handlung wurde am Lamm vollzogen. Stattdessen wurde der Ziegenbock aus dem Lager getrieben – hinaus in die Wildnis, an einen dunklen Ort, an einen Ort weit weg vom Licht des göttlichen Angesichts. Mit anderen Worten, der Ziegenbock wurde verflucht.

Machen wir jetzt einen Sprung ins Neue Testament, zum Brief des Apostels Paulus an die Galater. Paulus zitiert 5. Mose 27,26 und schreibt: „Verflucht ist jeder, der nicht bleibt in allem, was im Buch des Gesetzes geschrieben steht, um es zu tun" (Gal 3, 10b). Indem Paulus diese alttestamentliche Stelle zitiert, zeigt er, dass jeder, der eine Beziehung zu Gott aufbauen möchte und sich dabei auf die Einhaltung des Gesetzes verlässt, seinen eigenen guten Werken und seinen eigenen Leistungen vertraut, auf dem besten Weg ist, verflucht zu werden, weil der Standard Gottes die Vollkommenheit ist, die kein gefallenes menschliches Wesen jemals erreichen kann. Dann schreibt Paulus: „Christus hat uns losgekauft von dem Fluch des Gesetzes, indem er ein Fluch wurde, um unsertwillen (denn es steht geschrieben: »Verflucht ist jeder, der am Holz hängt«)" (Gal 3, 13). Am Kreuz, so Paulus, wurde Christus für uns zum Fluch, trug er alle Sanktionen des Bundes. Und Paulus paraphrasiert an dieser Stelle 5. Mose 21, 22–23: „Verflucht ist jeder, der am Holze hängt".

Wenn wir die Komplexität in den dramatischen Abläufen der Kreuzigung Jesu betrachten, bemerken wir, dass einige ganz erstaunliche Dinge passierten, damit die prophetischen Voraussagen des Alten Testamentes bis ins kleinste Detail erfüllt werden konnten. Erstens sagte das Alte Testament voraus, dass der Messias in die Hände der Nichtjuden („Hunde" oder „Rotte von Übeltätern") überantwortet und von ihnen gerichtet werden würde (Ps 22,16). Und so ergab es sich zu gegebener Zeit in der Geschichte, dass Jesus vor Gericht gestellt wurde, als die Römer gerade Palästina besetzt hielten. Die Römer gestatteten ihren eroberten Vasallen ein gewisses Maß an eigenverantwortlicher Gerichtsbarkeit, aber sie erlaubten den regionalen Machthabern nicht, die Todesstrafe zu verhängen. Und so hatten die Juden nicht die Autorität, Christus selbst hinzurichten. Sie konnten nur eine Ratsversammlung abhalten und Jesus vor Pontius Pilatus, den römischen Statthalter, führen und ihn bitten, die Hinrichtung zu vollstrecken. So wurde Jesus von seinem eigenen Volk den Nichtjuden übergeben – denen, die sich „außerhalb des Lagers" befanden. Er wurde in die Hände von Heiden gegeben, die außerhalb der Stätte wohnten, wo Gottes Angesicht leuchtete, außerhalb des Lichtkreises seines Angesichts.

Zweitens befand sich der Ort, an dem Jesus hingerichtet wurde, außerhalb von Jerusalem. Als er erst einmal von den Nichtjuden zum Tode verurteilt war, wurde er aus der Festung und über die Via Dolorosa außerhalb der Stadtmauern geführt. Wie der Sündenbock aus dem Lager getrieben wurde, wurde auch Jesus aus Zion hinausgeführt, außerhalb der Heiligen Stadt, wo sich die Gegenwart Gottes verdichtete. Er wurde in die „äußerste Finsternis“ geschickt.

Drittens vollzogen die Juden ihre Hinrichtungen durch Steinigung, die Römer aber praktizierten die Kreuzigung. Dadurch wurde die Todesart Jesu bestimmt: Er würde an einem Kreuz hängen – ein Kreuz aus Holz. Die Bibel sagt nicht, „Verflucht ist jeder, der gesteinigt wird.“ Sie sagt, „Verflucht ist jeder, der am Holz hängt.“

Viertens kam es zu einer astronomischen Störung, als Jesus am Kreuz hing. Mitten am Nachmittag wurde es dunkel. Finsternis fiel auf das Land. Auf ungeklärte Art und Weise, vielleicht durch irgendeinen Himmelskörper, wurde die Sonne verdunkelt. Es war, als hätte Gott das Licht seines Angesichts verhüllt.

Inmitten dieser intensiven Finsternis schrie Jesus: „Mein Gott, mein Gott, warum hast du mich verlassen?“ Dies war einer der eindringlichsten Sätze, die über Jesu Lippen kamen, während er am Kreuz hing. Entsprechend viele Auslegungen gibt es für diese Worte. Albert Schweitzer bewertete diesen Aufschrei als positiven Beweis dafür, dass Jesus desillusioniert starb. Nach Schweitzers Auffassung hatte Jesus die Erwartung, dass Gott ihn retten würde, aber Gott ließ ihn im letzten Augenblick im Stich und so starb Jesus als ein desillusionierter, tragischer Held wie in einem Shakespeare-Drama. Andere wiederum verweisen darauf, wie wir bereits im vorherigen Kapitel festgestellt haben, dass dieser Aufschrei Wort für Wort in Psalm 22 zu finden ist, und daraus schlussfolgern sie, dass Jesus sich selbst mit dem leidenden Gottesknecht aus Psalm 22 identifizierte und bei seinem Tod bewusst diese Verse der Heiligen Schrift zitierte. Aber damit werden alle Anzeichen übersehen – die Henker Jesu, der Ort seiner Hinrichtung, die Art seiner Hinrichtung und die hereinbrechende Dunkelheit – die so klar darauf hindeuten, dass Jesus zu seinem Vater schrie, weil er tatsächlich verlassen worden war.

Das Zeichen des Alten Bundes war die Beschneidung. Das Beschneiden der Vorhaut hatte zwei Bedeutungen, eine positive und eine negative, die jeweils mit den beiden Sanktionen korrespondieren. Auf der positiven Seite symbolisierte das Beschneiden der Vorhaut, dass Gott eine Gruppe von Menschen vom Rest der Menschheit „abschnitt", sie trennte und als eine heilige Nation aussonderte. Auf der negativen Seite drückte der Jude durch die Beschneidung Folgendes aus: „Oh Gott, wenn ich nicht jede einzelne Bedingung Deines Bundes einhalte, möge ich von Dir abgeschnitten werden, abgeschnitten von Deiner Gegenwart, abgeschnitten vom Licht Deines Angesichtes, abgeschnitten von Deinen Segnungen, gleichwie ich eben zeremoniell die Vorhaut von meinem Fleisch abgeschnitten habe."

Das Kreuz war die allerhöchste Form der Beschneidung. Als Jesus den Fluch auf sich nahm und so mit unserer Sünde identifiziert wurde, dass er verflucht wurde, schnitt Gott ihn ab – und das zu Recht.

In dem Augenblick, da Christus die Sünde der Welt auf sich nahm, wurde seine Gestalt am Kreuz die groteskeste und obszönste Verdichtung aller Sünden der Weltgeschichte. Gott ist zu heilig, als dass er das Böse ansehen könnte. Als nun Christus am Kreuz hing, wandte sich der Vater sozusagen von ihm ab. Er verbarg sein Angesicht und schnitt seinen Sohn ab. Jesus, der, was seine menschliche Natur angeht, in vollkommener und gesegneter Einheit mit Gott gelebt hatte, trug nun die Sünde des Volkes Gottes und wurde so von Gott verlassen.

Das muss für Christus unvorstellbar qualvoll gewesen sein. Thomas von Aquin behauptete, dass Jesus während seines gesamten Dienstes auf Erden in einem gleichbleibenden Zustand inniger Gemeinschaft mit seinem Vater lebte. Thomas von Aquin spekulierte, dass sich Jesus der seligen Gottesschau, des Anblicks der unverhüllten Herrlichkeit Gottes, jeden Augenblick seines Lebens unmittelbar erfreute, bis am Kreuz das Licht ausging. Die Welt wurde in die Finsternis gestürzt und Christus dem Fluch und dem Zorn Gottes ausgesetzt. Im jüdischen Verständnis war die Erfahrung des Verlassenseins Inbegriff der Erfahrung des Verfluchtseins.

Ich habe Predigten über die Nägel und die Dornen gehört. Zugegeben, die körperliche Qual der Kreuzigung ist eine entsetzliche Sache. Aber Tausende von Menschen sind den Tod am Kreuz gestorben und viele andere kamen auf noch weitaus grausamere und schmerzhaftere Weise zu Tode. Aber nur einen traf der Fluch Gottes mit voller Wucht, während er am Kreuz hing. Darum frage ich mich, ob Jesus die Nägel und die Dornen überhaupt spürte. Er war von der äußeren Dunkelheit überwältigt. Am Kreuz befand er sich in der Hölle, vollkommen und restlos der Gnade und Gegenwart Gottes beraubt, vollends getrennt von aller Seligkeit des Vaters. Er wurde für uns zum Fluch, sodass wir eines Tages das Angesicht Gottes sehen können. Gott wandte sich von seinem Sohn ab, damit so das Licht seines Angesichtes auf uns fällt. Kein Wunder, dass Jesus aus dem tiefen Grund seiner Seele schreien musste.

Ganz zuletzt sagte Jesus: „Es ist vollbracht!" (Joh 19,30b). Was war vollbracht? Sein Leben? Die

Schmerzen der Nägel? Nein. Das Licht war wieder angegangen; das Angesicht Gottes hatte sich gewendet. So war Jesus in der Lage zu sagen: „‚Vater, in deine Hände befehle ich meinen Geist'" (Lk 23,46b).

Die herbe Realität ist: Wenn Jesus am Kreuz nicht verlassen wurde, dann sind wir immer noch verloren in unseren Sünden, sind wir nicht erlöst, nicht gerettet. Der ganze Sinn und Zweck des Kreuzes war, dass Jesus unsere Sünden und die Sanktionen des Bundes trägt. Um das zu tun, musste er verlassen werden. Jesus unterwarf sich dem Willen seines Vaters und erduldete den Fluch, auf dass wir, sein Volk, am Ende den höchsten Segen empfangen können.

Neun

EINE GARANTIERTE ERLÖSUNG

Während meiner Pastorenzeit im Westen von Pennsylvania waren die Einwohner des kleinen Ortes Greensburg einmal ziemlich verärgert über die Arbeit des Straßenbauamtes von Pennsylvania. Erst hatte ein Trupp des Straßenbauamtes die Landstraße außerhalb von Greensburg mit neuen weißen Mittelstreifen versehen. Aber kurz danach erschien ein anderer Trupp von Bauarbeitern und brachte eine frische Asphaltdecke über die neuen Markierungsstreifen auf. Wen verwundert es, dass die Steuerzahler sich angesichts dieser Vorgehensweise am Kopf kratzten.

Sie fragen sich vielleicht, was diese Geschichte mit dem Sühnopfer Christi am Kreuz zu tun hat. In der Kirchengeschichte hat es eine große Kontroverse über die Absicht Gottes des Vaters und Gottes des Sohnes im Sühnewerk gegeben. Die Frage ist: „Für wen ist Christus gestorben?" Anders gesagt: Was für eine Absicht und einen Zweck verfolgte Gott mit dem wirkungsvollen Kreuzesgeschehen? Meiner Ansicht nach verhält sich manche Antwort auf diese Frage genauso wie das Straßenbauamt von Pennsylvania – sie tragen weiße Linien auf und decken sie dann wieder zu.

Der reformierte Zweig der Kirche hat diese Frage mit der Lehre vom „begrenzten Sühnopfer" beantwortet, ebenso bekannt als die Lehre der „partikularen Erlösung". Wenn Menschen von „partikularer Erlösung" hören, denken sie oft sofort an den Calvinismus, weil die Idee der „begrenzten" Sühne historisch mit dem Namen *Johannes Calvin* und dem Begriff *Calvinismus* verbunden wird. In der Tat ist die Lehre der „begrenzten" Sühne einer der sogenannten „Fünf Punkte" des Calvinismus.

Es ist jedoch eine unzutreffende Etikette, den Calvinismus mit den Fünf Punkten gleichzusetzen. Calvin selbst hat die reformierte Theologie nie durch eine Auflistung von fünf Punkten charakterisiert. Nirgendwo in seinem umfangreichen Schrifttum finden wir eine solche Zusammenfassung seiner Theologie. Die Fünf Punkte wurden eigentlich erst im 17. Jahrhundert in den Niederlanden zusammengestellt, als eine Gruppe holländischer Kleriker gegen ihr eigenes calvinistisches Erbe reagierte. Diese Gruppe, angeführt von Jacobus Arminius (1560–1609), protestierte gegen gewisse Lehrauffassungen, die Teil der orthodoxen reformierten Theologie waren. Die Protestierenden, auch Remonstranten genannt, listeten fünf spezielle Lehren der reformierten Theologie, mit denen sie nicht übereinstimmten, auf. Die Synode von Dordrecht (1618–1619) wurde einberufen, um auf die Beschwerden der Remonstranten zu reagieren, in deren Folge die Delegierten der Synode die historisch reformierte Theologie bestätigten und die Position der Remonstranten zurückwiesen. Dabei fassten sie die klassisch reformierte Position zu jedem der fünf von den Remonstranten infrage gestellten Punkte zusammen. Und seither spricht man von den Fünf Punkten des Calvinismus. Die reformierte Theologie lehrt noch sehr viel mehr als nur fünf Punkte, aber diese Punkte sind eindeutig Besonderheiten der calvinistischen Lehre.

Es ist wichtig zu wissen, dass die Lehre der „begrenzten Erlösung" nicht von Calvin eingeführt wurde und nicht auf den Calvinismus beschränkt ist. Die Debatte über die Sühne entbrannte bereits im vierten Jahrhundert, in deren Brennpunkt die Lehren des Augustinus denen seines Kontrahenten, des britischen Mönchs Pelagius, entgegenstanden. Es war Augustinus, der für die frühen Kirchenväter dieser Lehrmeinung theologisch Ausdruck verlieh. Tatsächlich ist Calvinismus nur ein späteres Synonym für den Augustinismus, den wir bereits im ersten Kapitel kurz behandelt haben.

Die Fünf Punkte des Calvinismus werden im Englischen oft mithilfe des Akronyms „TULIP" (Tulpe) zusammengefasst, wobei jeder Buchstabe für einen der Fünf Punkte steht, mit denen die Synode von

Dordrecht Punkt für Punkt die Lehre der Remonstranten verurteilte: 1. Gottes Erwählung hängt nicht vom Glauben oder anderen Bedingungen ab; 2. der Tod Christi bewirkt nur für die Erwählten Heil; 3. die Natur des Menschen ist wegen der Sünde völlig verdorben; 4. die Bekehrung bewirkt allein Gott, nicht der Mensch; 5. die Erwählten werden auch mit Sicherheit im Glauben beharren.

Jede dieser Lehren wird von vielen in der Kirche hinterfragt und diskutiert, aber keiner der fünf Punkte hat so viele Kontroversen hervorgerufen wie die „partikulare Erlösung". In der Tat gibt es viele Leute, die sich selbst als Vier-Punkte-Calvinisten bezeichnen, weil sie die Lehre der „partikularen Erlösung" nicht akzeptieren wollen. Manchmal sagen sie, „Ich bin weder Calvinist noch Arminianer, ich bin Calminianer." Meiner Ansicht nach *ist* ein Vier-Punkte-Calvinist aber ein Arminianer. Das sage ich aus folgendem Grund: Wenn ich mit Leuten gesprochen habe, die sich selbst als Vier-Punkte-Calvinisten bezeichneten, und sich die Gelegenheit eines ausführlichen Gesprächs über das Thema ergab, dann stellte ich fest, dass sie in Wirklichkeit Null-Punkte-Calvinisten waren. Sie dachten, sie würden an die totale Verderbtheit des Menschen, an eine bedingungslose Erwählung, an eine unwiderstehliche Gnade und die Beharrlichkeit der Heiligen glauben, aber wie sich herausstellte, hatten sie keinen dieser Punkte wirklich verstanden.

Nur einmal traf ich auf eine Ausnahme dieser Regel, und zwar auf einen selbst ernannten Vier-Punkte-Calvinist, der *kein* Null-Punkte-Calvinist war. Dieser Mann war auch Theologe. Seine Meinung interessierte mich und so sagte ich zu ihm: „Ich würde gern wissen, wie Sie die Sache auf die Reihe bekommen, weil ich Ihnen vertraue. Ich weiß, wie theologisch bewandert Sie sind, und daher interessiert es mich, was Sie denken." Ich erwartete, dass auch er kein akkurates biblisches Verständnis der vier genannten Punkte hat. Aber zu meinem Erstaunen zählte er sie auf und artikulierte sie so klar, wie ich es je von einem strengen Calvinisten gehört habe. Ich war sowohl erfreut als auch überrascht. Ich fragte: „Was ist Ihre Auffassung über die ‚begrenzte Erlösung'?" Als er mir dann seine Sicht der „begrenzten Erlösung" darlegte, merkte ich, dass er gar kein Vier-Punkte-Calvinist, sondern ein Fünf-Punkte-Calvinist war. Er glaubte an eine „begrenzte Erlösung", ohne sich darüber im Klaren zu sein.

Was ich damit sagen möchte, ist, dass meines Erachtens große Verwirrung darüber herrscht, was die Lehre von der „begrenzten Sühne" überhaupt lehrt. Nichtsdestotrotz glaube ich, dass jemand, der die anderen vier Punkte wirklich verstanden hat und irgendwo klar denken kann, auch an die „begrenzte Sühne" glauben muss. Wie Martin Luther es einmal sagte: Es „folgt unwiderstehlich". Dennoch gibt es Leute, die weiterhin glücklich mit diesem Widerspruch leben. Ich denke, es ist möglich, dass jemand vier Punkte glaubt ohne auch den Fünften zu glauben, obwohl ich denke, dass man dann nicht folgerichtig und logisch denkt. In Anbetracht dessen, dass wir dazu neigen, uns zu widersprechen, würde ich es nicht ausschließen.

Um die falschen Vorstellungen über diese Lehre aufzudröseln, fragen wir zuerst einmal nach dem Wert des stellvertretenden Sühnopfers Jesu Christi. Der klassische Augustinismus lehrt, dass die Sühne Jesu Christi für alle Menschen *ausreichend* ist. Das heißt, das Opfer, das Christus dem Vater darbrachte, ist von unendlichem Wert. Das Werk Jesu ist verdienstvoll genug, um die Sünden aller Menschen, die jemals gelebt haben und noch leben werden, abzudecken. Der Wert seines Opfers ist also unbegrenzt. Das steht überhaupt nicht zur Debatte.

In der reformierten Theologie unterscheidet man jedoch zwischen der *Suffizienz,* der Zulänglichkeit, und der *Effizienz,* der Wirksamkeit des Sühnopfers. Diese Unterscheidung führt uns zu folgender Frage: War Jesu Tod für jedermann wirksam? Mit anderen Worten: Wurden alle Menschen infolge des Sühnopfers automatisch gerettet? Jesu Werk am Kreuz war absolut zulänglich, um alle Menschen zu retten, aber bewirkte sein Tod tatsächlich die Rettung der ganzen Welt?

Wie oben bereits erwähnt wurde, wird diese Frage seit Jahrhunderten diskutiert. Wenn es jedoch in der Kontroverse um die „begrenzte Erlösung" nur um die Zulänglichkeit der Sühne ginge, dann wäre der Streit ein Sturm im Wasserglas, denn die Unterscheidung zwischen Zulänglichkeit und Wirksamkeit der Sühne definiert nicht den Unterschied zwischen historisch-reformierter Theologie und nicht reformierten Ansichten, wie dem Semi-Pelagianismus und Arminianismus. Es handelt sich hierbei vielmehr um den Unterschied zwischen Universalismus (Allversöhnung) und Partikularismus. Allversöhner glauben, dass Jesu Tod am Kreuz die Rettung der *ganzen* Welt bewirkt hat. Calvinisten lehnen diese Ansicht entschieden ab, aber der historische Arminianismus und Dispensationalismus bestreiten die Allversöhnung ebenfalls. Alle diese Lehrmeinungen stimmen darin überein, dass das Sühnopfer Christi partikular und nicht universell ist, insofern es das Heil nur in denen bewirkt, die an Christus glauben, sodass der Sühnetod Christi nicht automatisch jeden rettet. Darum definiert die Unterscheidung zwischen Suffizienz und Effizienz, zwischen Zulänglichkeit und Wirksamkeit des Werkes Jesu zwar den Partikularismus, aber zieht nicht unbedingt den Gedanken einer „partikularen Erlösung“ mit sich.

Lassen Sie mich nebenbei erwähnen, dass wenn auch nicht jeder durch das Kreuz gerettet wird, das Werk Christi dennoch universellen oder nahezu universellen Nutzen mit sich bringt. Durch den Tod Christi wurde die Gemeinde geboren, dies wiederum führte zur Verkündigung des Evangeliums, und überall dort, wo das Evangelium gepredigt wird, lässt sich eine Zunahme von Tugend und Rechtschaffenheit in der Gesellschaft beobachten. Der Einfluss der Gemeinde fließt zum Nutzen aller Menschen in die Gesellschaft hinein. Außerdem haben Menschen überall auf der Welt von der Überzeugung der christlichen Gemeinde profitiert, aus christlicher Nächstenliebe Krankenhäuser, Waisenhäuser, Schulen usw. zu errichten.

Der Kern der Kontroverse über die „partikulare Sühne" aber ist die Frage: Was war Gottes Intention, seine Absicht, als er Christus ans Kreuz schickte? War es die Absicht des Vaters und des Sohnes, eine Sühne zu erwirken, die allen zur Verfügung steht, die darauf vertrauen, sogar auf die Gefahr hin, dass niemand von diesem Angebot Gebrauch machen könnte? Anders gefragt: Schickte Gott Christus lediglich mit der Absicht ans Kreuz, das Heil *möglich* zu machen? Oder plante Gott bereits vor Anbeginn der Zeit, Christus in die Welt zu senden, um einen stellvertretenden Tod zu sterben, der eine tatsächliche Sühne bewirken würde, der lediglich den Auserwählten zukommen würde?

Historische reformierte Theologie nimmt die biblische Lehre von der göttlichen Erwählung sehr ernst. Darum glauben Calvinisten, dass Gott seit Ewigkeiten einen Plan hatte, sich ein Volk zu erlösen. Dieser Plan beinhaltet nur einen Teil der menschlichen Rasse; es war niemals Gottes Absicht, ausnahmslos alle zu retten. Angesichts unserer Sünde und seiner Gerechtigkeit müssen wir uns immer daran erinnern, dass Gott nicht verpflichtet war, überhaupt irgendjemanden zu retten. In der Tat wäre Gott vollkommen gerecht, wenn er alle Menschen der ewigen Verdammnis preisgegeben hätte, aber in seiner Gnade entschied er sich, einige zu retten. Wäre es Gottes Absicht gewesen, alle Menschen zu retten, dann würden auch alle gerettet. Aber Gottes Absicht in der Erlösung war die Rettung eines Restes der menschlichen Rasse vor dem Zorn, den sie sich selbst zugezogen und reichlich verdient hatte. Diese Menschen werden Gottes Barmherzigkeit erfahren; alle anderen erfahren seine Gerechtigkeit.

Die Absicht der Erlösung war, dass Christus ans Kreuz gehen sollte, wie er selbst sagte, als „Lösegeld für viele" (Mt 20,28b). Er würde sein Leben lassen „für die Schafe" (Joh 10,11b), wie er sagte. Die Absicht hinter seinem Sühnetod war, Gottes Erwählte zu retten. Einfach ausgedrückt: Reformierte Theologie lehrt, dass Christus für die Erwählten und nur für die Erwählten ans Kreuz ging. Das ist der Kern der Lehre von der „begrenzten Erlösung".

Viele Menschen haben Schwierigkeiten mit dieser Lehre, insbesondere wenn sie mit den Worten beschrieben wird, die ich verwendet habe. Was, wenn ich sagen würde, dass Jesus ans Kreuz gegangen ist, um stellvertretend für die Gläubigen und nur für die Gläubigen zu sühnen? Damit würde ich sagen, dass es Gottes Absicht war, dass Jesus nicht unterschiedslos für jedermann sterben sollte, sondern nur für jene, die glauben. Wenn Sie das akzeptieren, dann erkennen Sie, dass nur die Erwählten gläubig sind und nur die Gläubigen erwählt sind. Ich sage letztlich nichts anderes, wenn ich sage, dass Christus nur für die Erwählten starb. Können Sie sich Menschen vorstellen, die zwar gläubig, aber nicht erwählt sind, oder Menschen, die zwar erwählt aber nicht gläubig sind? Solch ein Entweder-oder ist dem Neuen Testament ganz und gar fremd.

Gegen die „begrenzte Erlösung" werden noch viele andere Einwände vorgebracht. Einer der größten Stolpersteine ist die eigene Aussage der Schrift, dass Jesus „für die Welt" gestorben ist. Solche Aussagen müssen immer gegen andere biblische Propositionen gewichtet werden, die ganz klar zum Ausdruck bringen, für wen Jesus starb. Ebenso müssen wir uns um ein richtiges Verständnis dessen bemühen, was das Wort *Welt* in der Bibel bedeutet. Die Schreiber des Neuen Testamentes wollten, insbesondere gegenüber einer jüdischen Leserschaft ausdrücken, dass Jesus nicht nur der Retter des jüdischen Volkes ist, sondern dass Menschen aus allen Sprachen, Rassen und Nationen zu den Auserwählten gehören. In kurzen Worten, die Sühne hat Auswirkungen auf die ganze Welt. Aber das heißt nicht, dass jeder einzelne Mensch in dieser Welt gerettet wird. Das kann aus dem Text nicht abgeleitet werden.

Manche Menschen lehnen die Lehre von der „begrenzten Erlösung" ab, weil sie die Größe des Werkes Christi zu schmälern scheint. In Wirklichkeit jedoch ist es die arminianische Position, die die volle Wirkung und Kraft der Sühne schmälert und abwertet. Reformierte betonen, dass Christus vollbracht hat, was er vollbringen wollte. Er hat erfüllt, was sein Vater ihm aufgetragen hatte. Gottes souveräner Wille ist nicht von den Launen unserer persönlichen und individuellen Reaktion abhängig. Wenn es so wäre, dann bestünde eine theoretische Möglichkeit, dass Gottes Plan vereitelt und am Ende niemand gerettet werden würde. Für den Arminianer ist das Heil zwar für alle möglich, aber für niemanden sicher. Vom reformierten Standpunkt ist das Heil für die Erwählten Gottes sicher.

Ein weiteres, häufig angeführtes Gegenargument ist, dass die Lehre von der „begrenzten Erlösung" die

Evangelisation untergräbt. Alle bibeltreuen Christen, Reformierte eingeschlossen, glauben und lehren, dass das Evangelium von Jesus Christus und seinem stellvertretenden Sühnopfer allen Menschen verkündigt werden soll. Wir sollen verkünden, dass Gott die Welt so sehr geliebt hat, dass er seinen eingeborenen Sohn gab, auf dass jeder, der an ihn glaubt, nicht verloren geht, sondern das ewige Leben hat. Es existiert jedoch die falsche Vorstellung, dass reformierte Christen, eben weil sie an die Lehre der begrenzten Erlösung oder Sühne glauben, keine Leidenschaft hätten in die Welt hinauszugehen und allen Menschen die Botschaft vom Kreuz zu verkünden. Seit Augustinus haben sich die Verfechter dieser Lehre jedoch nicht davon abbringen lassen, das Evangelium allen Menschen anzubieten – auch wenn sie wissen, dass nicht jeder darauf ansprechen wird. Viele reformierte Christen waren glühende Evangelisten.

Die Lehre der „begrenzten Erlösung“ ist in Wirklichkeit für die Evangelisation hilfreich. Der Reformierte weiß nämlich, dass nicht jeder auf die Einladung des Evangeliums antworten wird, aber er kann gleichzeitig auch sicher sein, dass zumindest einige der Einladung folgen werden. Im Gegensatz dazu weiß der Arminianer nicht, dass nicht jeder reagieren wird. In seinem Verständnis existiert die theoretische Möglichkeit, dass jeder Einzelne umkehrt und glaubt. Aber er muss auch mit der Möglichkeit rechnen, dass niemand reagieren wird. Er kann nur darauf hoffen, dass seine Präsentation des Evangeliums so überzeugend ist, dass der Ungläubige, tot und verloren in seinen Übertretungen und Sünden, sich entscheidet, mit der göttlichen Gnade zu kooperieren, um so aus dem Sühnetod Christi den angebotenen Nutzen zu ziehen.

Wenn es uns gelingt, diese im Allgemeinen für problematisch gehaltenen Punkte über die Lehre der „begrenzten Erlösung" hinter uns zu lassen, beginnen wir vielleicht, das Wunderbare daran zu entdecken, nämlich dass die von Christus vollbrachte Sühne am Kreuz real und wirksam war. Es handelte sich nicht um ein hypothetisches Sühnopfer. Es war eine konkrete und wirkliche Sühne. Er bewirkte keine hypothetische Entschuldung für die Vergehen seines Volkes, sondern seine Sünden *wurden* wirklich getilgt. Gottes Zorn wurde durch sein Sühnopfer nicht nur hypothetisch besänftigt, sondern Gottes Zorn über uns wurde dadurch wirklich abgewandt. Im Gegensatz dazu ist nach der anderen Sichtweise die Erlösung nur eine potenzielle Möglichkeit. Jesus ging ans Kreuz, bezahlte die Strafe für die Sünde, brachte ein stellvertretendes Sühnopfer dar, aber nun sitzt er im Himmel, rauft sich die Haare und hofft, dass irgendjemand etwas daraus machen wird, was er durch sein Leiden und Sterben vollbracht hat. Dies ist unvereinbar mit dem biblischen Verständnis des Triumphes und des Sieges, den Christus durch seinen Sühnetod errungen hat.

In seinem hohepriesterlichen Gebet in Johannes 17, 6–9a sagt Jesus:

> Ich habe deinen Namen den Menschen offenbar gemacht, die du mir aus der Welt gegeben hast; sie waren dein, und du hast sie mir gegeben, und sie haben dein Wort bewahrt. Nun erkennen sie, dass alles, was du mir gegeben hast, von dir kommt; denn die Worte, die du

> mir gegeben hast, habe ich ihnen gegeben, und sie haben sie angenommen und haben wahrhaft erkannt, dass ich von dir ausgegangen bin, und glauben, dass du mich gesandt hast. Ich bitte für sie …“

Hier spricht Jesus, der Retter. Übersehen Sie nicht: Jesus sagte, dass er für seine Jünger bete – nicht für die Welt: „Ich bitte für sie; nicht für die Welt bitte ich, sondern für die, welche du mir gegeben hast, weil sie dein sind.“ Im ergreifendsten Fürbittgebet, das er als unser Hohepriester in dieser Welt sprach, sagte Jesus ausdrücklich, dass er *nicht* für alle bete, sondern dass er für die Auserwählten bete.

Ist es vorstellbar, dass Jesus bereit war, für die ganze Welt zu sterben, aber nicht für die ganze Welt zu beten? Das ergibt keinen Sinn. Er blieb konsequent. Er war gekommen, um sein Leben für seine Schafe zu geben. Er würde für sein Volk sterben, und er stellte klar, dass *sie* es waren, für die er sterben würde. Sein Tod am Kreuz war kein wahlloses Sterben, sondern Jesus wollte ein Sühnopfer darbringen – ein Sühnopfer, wirksam für all diejenigen, für die er diese Wirkung beabsichtigte.

Wenn Sie zur Herde Christi gehören, zu seinen Schafen, dann können Sie mit Sicherheit wissen, dass Ihre Sünden gesühnt wurden. Vielleicht fragen Sie sich, wie Sie wissen können, ob Sie zu den Erwählten gehören. Ich kann nicht in Ihr Herz schauen oder lesen, was in dem Lebensbuch des Lammes steht, aber Jesus sagte: „„Meine Schafe hören meine Stimme"" (Joh 10,27a). Wenn Sie möchten, dass Christi Sühnetod Ihnen zugutekommt, dann vertrauen Sie ihm, und verlassen Sie sich darauf, dass sein Tod Sie mit dem allmächtigen Gott versöhnt. In der Praxis müssen Sie sich nicht den Kopf zerbrechen über die abstrakten Fragen der Erwählung. Wenn Sie Ihr Vertrauen in Christi Tod zu Ihrer Erlösung setzen und an den Herrn Jesus Christus glauben, dann können Sie sicher sein, dass Ihre Schuld gesühnt wurde. Dies wird Sie, mehr als alles andere, hinsichtlich Ihrer Fragen nach dem Geheimnis von Gottes Erwählung beruhigen. Sie würden nicht an Christus glauben, wenn Sie nicht erwählt wären. Sie würden sich weder an seinen Sühnetod klammern noch auf sein vergossenes Blut für Ihr Heil vertrauen, wenn Sie nicht erwählt wären. Wenn Sie es wollen, können Sie es haben. Es wird Ihnen angeboten, wenn Sie glauben und vertrauen.

Eines der tröstlichsten Worte, die Jesus im Neuen Testament je gesprochen hat, ist folgendes: „Kommt her, ihr Gesegneten meines Vaters, und erbt das Reich, das euch bereitet ist seit Grundlegung der Welt!" (Mt 25,34b). Gott hat sich einen Plan zu Ihrer Errettung ausgedacht. Dabei handelt es sich nicht um eine Nachbesserung oder den Versuch einer Fehlerkorrektur. Vielmehr hat Gott vor Anbeginn der Zeiten geplant, sich ein Volk zu erlösen. Und was er damals festgelegt hat, wurde tatsächlich durch das Werk Jesu Christi, durch seinen Sühnetod am Kreuz, vollbracht. Ihre Errettung wurde durch einen Retter vollbracht, der nicht nur ein potenzieller, sondern ein wirklicher Retter ist – durch Jesus, der für Sie tat, wozu der Vater ihn beauftragt hatte. Er ist Ihr Bürge, Ihr Mittler, Ihr Stellvertreter, Ihr Erlöser. Er hat Ihre Sünden am Kreuz gesühnt.

Zehn

FRAGEN UND ANTWORTEN

In diesem letzten Kapitel möchte ich noch kurz auf einige weitere Fragen eingehen, die das Thema der Sühne betreffen:

Welche Bedeutung hat das Blutvergießen in Verbindung mit der Sühne?

Der Gedanke, dass das Blut Christi irgendeine innewohnende oder ureigene Macht hat, ist in christlichen Kreisen eine beliebte Vorstellung. Sie taucht sogar von Zeit zu Zeit in Kirchen- und Lobpreisliedern auf. Diese Vorstellung stellt jedoch ein fundamentales Missverständnis dessen dar, was die Bibel in Verbindung mit Sühne über das Blutvergießen sagt.

Ich hörte einmal meinem lieben Freund, einem anglikanischen Evangelisten, John Guest, bei einer Predigt über das Kreuz und das Blut Christi zu. Er stellte die Frage: „Hätte es zu unserer Errettung bereits ausgereicht, wenn Jesus auf die Welt gekommen wäre und sich den Finger an einem Nagel so verletzt hätte, dass ein oder zwei Tropfen Blut vergossen worden wären? Es wäre ja ein Blutvergießen gewesen. Wenn wir durch das Blut Christi gerettet werden, hätte dies nicht bereits ausgereicht?“ John wollte damit natürlich zeigen, dass nicht das Blut Christi als solches uns rettet.

Die Bedeutung des Blutes in den Opferhandlungen des Alten Testaments besteht darin, dass das Blut Leben repräsentiert. Das Alte Testament erklärt wiederholt: „Das Leben des Fleisches ist im Blut“ (3. Mose 17,11). Wird darum das Blut ausgegossen, so wird das Leben ausgegossen. Das ist wichtig, denn unter dem Bund der Werke im Garten Eden wurde als Strafe für den Ungehorsam der Tod festgelegt. Gott forderte diese Bestrafung für die Sünde. Darum musste Jesus sterben, um Sühnung zu erwirken. Wenn das Blut vergossen und das Leben ausgeschüttet wird, ist die Strafe bezahlt. Keine geringere Strafe hätte ausgereicht.

Jesus wurde am Kreuz von seinem Vater verlassen. Ebenso wird manchmal gesagt, dass man in der Hölle von Gott verlassen ist, und zwar in dem Sinne, dass Hölle die Abwesenheit Gottes ist. Die Bibel lehrt ausdrücklich, dass Gott allgegenwärtig ist. David sagte: „Machte ich das Totenreich zu meinem Lager, siehe, so bist du auch da!", (Ps 139,8b). Wie sollen wir demnach die Hölle und die Gegenwart Gottes verstehen?

Man hört oft, die Hölle sei die Abwesenheit Gottes. Derartige Aussagen sind zum großen Teil darauf zurückzuführen, dass uns allein schon der Gedanke an die Hölle Angst macht. Wir wollen den Schock mildern und finden einen Euphemismus, um dem Thema auszuweichen.

Wir sollten uns im Klaren darüber sein, dass sich die, die in der Hölle sind, nichts mehr ersehnen als die Abwesenheit Gottes. Sie wollten zu Lebzeiten nicht in Gottes Gegenwart leben, und wollen ihn sicherlich nicht in ihrer Nähe haben, wenn sie in der Hölle sind. Das Schlimmste an der Hölle ist, dass Gott an diesem Ort gegenwärtig ist.

Wenn wir die Bildersprache des Alten Testamentes verwenden, um die Verlassenheit der Verlorenen zu begreifen, dann sprechen wir nicht von der Abkehr Gottes oder der Abwesenheit Gottes in dem Sinne, dass er nicht mehr allgegenwärtig wäre. Vielmehr ist es eine Möglichkeit, zu beschreiben, dass Gott sich samt seinem rettenden Segenswirken abgewandt hat. Das Licht seines Angesichtes leuchtet nicht mehr. Stattdessen erscheint ein Ausdruck des Missfallens auf seinem Angesicht. Es ist die Abwesenheit seiner selig machenden, unverhüllten Herrlichkeit, die allen, die ihn lieben, größte Freude bereitet; und es ist die Gegenwart der Dunkelheit des Gerichts. Die Hölle spiegelt die Gegenwart Gottes als Vollstrecker des Gerichts wider, in Ausübung seines Zornes – und dem würde jeder gerne entrinnen.

Ich denke, das ist es, was uns durcheinanderbringt. Es findet ein Rückzug statt dahin gehend, dass der Segen der totalen Nähe Gottes entzogen wird. Seine Güte kann weit entrückt werden und darauf will die Bildersprache aufmerksam machen.

Das bekannte Kirchenlied „And can it be?“ (Kann es sein?) von dem Methodistenprediger Charles Wesley enthält eine Zeile, die eine ergreifende Frage stellt: „Wie kann es sein, dass du, mein Gott, solltest sterben für mich?“ Ist es korrekt davon zu sprechen, dass Gott am Kreuz starb?

In christlichen Liedern und Umgangssprache ist diese Ausdrucksform sehr populär. Obwohl ich diese Bedenken bei diesem Lied teile und mich dieser Ausdruck stört, denke ich, dass ich ihn verstehe und dass man ihm Nachsicht entgegenbringen kann.

Wir glauben, dass Jesus Christus der fleischgewordene Gott war. Wir glauben ebenso, dass Jesus

Christus am Kreuz starb. Wenn wir sagen, dass Gott am Kreuz starb, und wir damit meinen, dass die göttliche Natur am Kreuz starb, haben wir die Grenze zu einer schwerwiegenden Irrlehre überschritten. Tatsächlich tauchten in diesem Zusammenhang schon in der frühen Kirche zwei Häresien auf: der *Theopaschitismus* und der *Patripassianismus.* Die erste dieser beiden Irrlehren, der *Theopaschitismus,* lehrt, dass Gott selbst am Kreuz den Tod erlitt. Der *Patripassianismus* sagt, dass der Vater indirekt durch die Leiden seines Sohnes litt. Beide Häresien wurden von der frühen Kirche heftig zurückgewiesen, da sie die Natur und Substanz Gottes kategorisch leugnen, seine Unwandelbarkeit eingeschlossen. Es gibt zu keiner Zeit einen Wandel in der substanziellen Natur Gottes und seine Eigenschaften unterliegen keinerlei Wandel. Gott hat das Universum nicht nur erschaffen, er hält es auch kraft seines Wesens zusammen. Wie Paulus sagt: „Denn in ihm leben, weben und sind wir“ (Apg 17,28). Hörte das göttliche Sein auch nur für eine Sekunde auf zu bestehen, so würde das Universum verschwinden. Es würde augenblicklich aufhören zu existieren, denn außerhalb der erhaltenden Macht Gottes kann nichts existieren. Wenn Gott stirbt, dann stirbt alles andere mit ihm. Offensichtlich ist Gott also nicht am Kreuz umgekommen.

Manche sagen: „Es war die zweite Person der Trinität, die starb." Dies wäre eine Mutation im göttlichen Sein selbst, denn wir sagen mit Blick auf die Trinität, dass die Trinität in ihrer Natur und ihrem Sein vollkommene Einheit ist, die Personen der Gottheit sich aber unterscheiden, diese Unterscheidungen jedoch eher in deren Beziehung zueinander zu verstehen sind, nicht aber in einer Unterschiedlichkeit in ihrer Natur und ihrem Sein. Der Tod jedoch würde eine Wesensveränderung in einer der drei Personen der Gottheit nach sich ziehen.

Wir sollten vor dem Gedanken, Gott selbst sei am Kreuz wirklich und wahrhaftig umgekommen, mit Grauen und Entsetzen zurückschrecken. Die Sühne wurde von Christi menschlicher Natur erbracht. Manche Leute denken, dass dies die Würde oder den Wert der stellvertretenden Handlung irgendwie schmälere, so als würde die Gottheit Christi dadurch geleugnet.

Gott bewahre. Der Gott-Mensch ist gestorben, aber der Tod ist etwas, was allein der menschlichen Natur widerfahren kann, denn die göttliche Natur ist unfähig, den Tod zu erfahren.

Gibt es eine Verbindung zwischen einer fehlerhaften Auffassung menschlicher Verderbtheit und der Ablehnung der Lehre von der begrenzten Sühne?

Selbst auf die Gefahr hin, wie eine gesprungene Schallplatte zu klingen, weil ich es bereits so oft gesagt habe, glaube ich wirklich, dass das größte Problem in der Theologie darin besteht, zwei Lehren richtig zu verstehen: die Lehre von Gott und die Lehre vom Menschen.

In seinem Buch *Unterricht in der christlichen Religion* schreibt Johannes Calvin im ersten Kapitel über die Wichtigkeit, ein gesundes Verständnis darüber zu erlangen, wer der Mensch ist, weil wir erst dann richtig verstehen können, wer Gott ist. Danach macht er die etwas paradoxe Aussage und sagt, dass wir, um den Menschen verstehen zu können, zuvor Gott verstehen müssen. Unglücklicherweise wissen wir nicht, wer Gott ist, also wissen wir nicht, wer wir sind, aber je mehr wir von der Heiligkeit und der Gerechtigkeit Gottes verstehen, desto mehr erschließt sich uns im Gegenzug, wie tief wir gefallen sind und wie vollkommen wir von Gottes Gnade und Barmherzigkeit abhängig sind.

Der grundlegende Konflikt in der Theologie besteht zwischen einer theozentrischen Theologie und einer anthropozentrischen Theologie – einer Theologie mit Gott im Zentrum oder einer Theologie mit dem Menschen im Zentrum. Ich fürchte, viele bekennende Christen kümmern sich mehr um die Erhöhung des Menschen als um die Ehre und die Herrlichkeit Gottes.

Gibt es einen Konflikt zwischen dem Aufruf, sich für Jesus zu entscheiden, und der Erwählung?

Ich denke, die größte Gefahr ist, dass unsere Gemeinden voll von Leuten sind, die ein Bekenntnis zum christlichen Glauben abgelegt haben, aber sich nicht in einem Zustand der Gnade befinden.

Rechtfertigung geschieht durch Glauben, und jeder, der glaubt, soll seinen Glauben auch bekennen. Aber keiner von uns kommt in Gottes Reich, indem wir eine Hand heben, einem Aufruf folgen, ein bestimmtes Übergabegebet sprechen oder eine Karte unterschreiben. All diese Dinge sind gut, aber sie sind nur äußerlich. Unglücklicherweise neigen wir dazu, uns auf diese Dinge zu konzentrieren. Wenn jemand ein Glaubensbekenntnis ablegt, dann sagen wir: „Du gehörst dazu." Wir tragen dem Menschen nicht auf, sich selbst zu prüfen, ob der Glaube, den er oder sie bekennt, auch wirklich authentisch ist. Das ist aber enorm wichtig, denn nur ein echter Glaube hat die Rechtfertigung zur Folge. Solcher Glaube ist eine Gabe Gottes. Ich kann niemals in einem anderen Glauben erzeugen oder hervorbringen. Ich kann einen Samen pflanzen und ich kann den gepflanzten Samen bewässern, aber nur Gott der Heilige Geist kann die Frucht hervorbringen.

Wie beeinflusst die Postmoderne heute das landläufige Verständnis von Sühne?

Meine größte Sorge ist die Art und Weise, wie die postmoderne Mentalität die Gemeinden verführt, auch die reformierten Gemeinden. Es scheint eine stillschweigende Übereinkunft zu geben, dass sich irgendwann um 1970 herum, gegen Ende der Kulturrevolution in den Sechzigern, ein bemerkenswerter Wandel vollzog – eine grundlegende Veränderung im menschlichen Wesen, diametral zu dem, wie wir erschaffen wurden. Das Leben ist nun nicht mehr auf der Basis von Wahrheit begründet, die über den Weg des Verstandes die Seele berührt. Seit etwa 1970 haben wir eine „sinnliche Kultur", wo sich alles um Gefühle, um Beziehungen und überhaupt um alles Subjektive dreht. Sogar Wahrheit selbst wird mehr für etwas Subjektives als etwas Objektives gehalten. Darum ist die Wahrheit immer das, was jeder gerade darunter verstehen möchte. Dies ist die antirassistischste Generation seit Menschengedenken.

Getrieben von diesem Wandel sind Gemeinden schnell dabei, ihren Zugang zur Kultur anzupassen, unter anderem durch „Soundbites", Entertainment und ähnliche Dinge. Sie vergessen, dass die Kraft im Wort Gottes und nicht in Methoden liegt, und dass das Wort sich zuallererst an den Verstand richtet. Gott wollte es so, dass das Wort klar verständlich ist und nur wenn wir es verstehen, kann es in unseren Blutkreislauf geraten und in unsere Herzen und dann in einem erneuerten Leben sichtbar werden.

Wir sprechen von der Sühne Christi, aber es war Gott der Vater, der Jesus in die Welt sandte. Was können wir tun, um unser Denken stärker auf die zentrale Rolle, die der Vater in der Heilsgeschichte innehat, auszurichten?

Ich denke, uns erneut und vermehrt mit dem Alten Testament zu befassen ist eines der hilfreichsten und wichtigsten Dinge, die wir tun können. Worüber ich mich immer wieder ärgere, ist, wie wir meinen, wir könnten das Alte Testament ignorieren und darauf verzichten, da wir doch das Evangelium haben und damit das neutestamentliche Porträt von Jesus. Wir vergessen, dass diese riesige Fülle an Informationen auch göttliche Offenbarung ist und viele Inhalte dieser Offenbarung uns helfen, das Wesen Gottes mehr und mehr zu erfassen. Wir müssen dem Gott des Alten Testamentes begegnen, denn Jesus nannte ihn seinen Vater. Es war der Gott des Alten Testamentes, der Jesus in die Welt sandte und der durch die Sühne Christi besänftigt wurde.

Wir bezeichnen uns selbst als Christen, weil wir an Christus glauben, aber wir müssen im Auge behalten, dass wir Jesus nur aus einem Grund folgen und lieben, nämlich weil er uns mit dem Vater versöhnt hat. Jesus selbst ist in der Heilsordnung dem Vater untergeordnet, und er fordert uns zum *soli Deo gloria* auf, Gott die Ehre zu geben, wo ihm Ehre gebührt.

Zu welchem Zeitpunkt in der Geschichte wird ein Mensch erlöst, als Christus am Kreuz für sein Volk starb oder wenn die Einzelperson der Einladung des Evangeliums mit Glauben begegnet?

In der griechischen Ausgabe der Bibel erscheint das Verb „retten" in allen möglichen Zeiten. Es wird gesagt, dass wir von Anbeginn der Welt *errettet* waren, dass wir seit Anbeginn der Welt *gerettet wurden,* dass wir *gerettet sind,* dass wir *gerettet werden,* dass wir *gerettet sein werden* und so weiter.

Der springende Punkt aber ist, dass wir im Ratschluss Gottes von Anbeginn der Welt gerechtfertigt waren, dies aber in Raum und Zeit erst durch das Werk Christi vollbracht wurde und subjektiv nicht Wirklichkeit wird, bis wir durch das Wirken des Heiligen Geistes zum Glauben kommen und uns die seit ewigen Zeiten bestimmten und zugesicherten Vorzüge aneignen.

Erstreckt sich die Sühne auch auf die Menschen, die vor der Kreuzigung Christi lebten?

Die Heilige Schrift gibt auf diese Frage eine klare Antwort. Die Menschen, die zur Zeit des Alten Testamentes gelebt haben, brachten Opfer dar, aber das Blut von Ochsen und Böcken konnte für niemanden sühnen. Diese Dinge deuteten über sich selbst hinaus und verwiesen das Volk Israel auf eine Sühne, die der Gerechtigkeit Gottes Genüge tun würde. Der alttestamentliche Mensch, der auf das Versprechen und das Werk des Messias vertraute, obwohl dieses Werk in Raum und Zeit noch nicht vollbracht worden war, war gerettet. Die Grundlage dieser Errettung war das

Werk Christi, das noch kommen würde. Die Gläubigen des Alten Testamentes wurden durch einen vorausschauenden Glauben gerettet, während wir durch einen zurückschauenden Glauben gerettet werden. Die objektive Grundlage für die Errettung beider Gruppen ist aber dieselbe: die Sühne Christi.

ÜBER DEN AUTOR

Dr. R. C. Sproul ist der Gründer und Leiter von *Ligonier Ministries,* einer internationalen Verlags- und Medienarbeit mit Sitz in Florida, USA. Er ist außerdem Pastor von Saint Andrew's Chapel in Sanford, Florida. Durch seine langjährige Lehrtätigkeit als Professor am Reformed Theological Seminary in Orlando, Florida und am Knox Theological Seminary in Fort Lauderdale, Florida sowie durch seine Vorträge half Sproul ganze Generationen von Pastoren auszubilden.

Dr. Sproul ist Autor von mehr als sechzig Büchern, darunter *Die Heiligkeit Gottes, Bibelstudium für Einsteiger, Glauben von A–Z, Gott gefällig leben,* sowie Kinderbücher wie *Der Prinz und der Giftkelch.*